蒙古の子守唄 余話

司馬遼太郎への畏敬と反論

北のまほろば
我が故郷への想い

三上洋右

はじめに

私が、拙著『蒙古《もんこ》の子守唄』を上梓したのは、令和四（二〇二二）年早春のこと。本書の執筆を思い立ったのは、その執筆活動に取り組んでいた時分である。本書は『蒙古の子守唄』を書き上げるなかで抱いた疑問に改めて向き合う、執筆という旅物語の続きである。ゆえに副題を「蒙古の子守唄　余話」と名付けさせていただいた。

それは、なんとも謎めいた不思議な唄であった。

「寝えろじゃ　寝えろじゃ
寝んねば　山がら蒙古《モンコ》来るぞ
寝えれば　海がらジョジョ来るよ
寝えろじゃ　寝えろ」

この唄は、古くから津軽地方で歌い継がれてきた子守唄である。私も子どもの頃、幾度となく母親に歌い聞かされたことを今でも覚えている。この唄にある「モンコ」とは、モンゴル帝国「蒙《もう》古軍《こぐん》」のことを指す。幼い頃から「モンコは怖いものだ」と子守唄で教え込まれ、子どもが悪戯をすると「モンコ来るぞ」と叱られるのだ。

蒙古襲来《もうこしゅうらい》とは、鎌倉時代中期の「文永・弘安の役」、いわゆる「元寇」のことだ。それは津軽からは遥か遠い九州の地で起きた出来事であり、東北地方が襲われたという事実は確認されていない。にもかかわらず、なぜ、この子守唄が津軽地方にだけ伝わり、それがいつ頃から歌われているのかという問いに対する解は誰も持っていなかった。

そして、もうひとつの謎は、ある古老が語った次のような話である。

「昔、鎌倉時代の頃、十三湊《とさみなと》を拠点に日本海をまたにかけ、国外にも進出していた海の豪族、安藤水軍があった。十三湊は、西の博多に匹敵するほど繁栄した港湾都市だった。」

しかも、私が生まれた中泊《なかどまり》町今泉や、その周辺の人々は、誰もが安藤水軍の末裔だというのである。その話は、自分の祖先は海賊だったと言われたようで、子どもながらに驚きを持ったものだ。しかし、それらを物語る痕跡は、どこにも見当たらないのだ。

この二つの謎は、私が成長するにつれて記憶の奥底に封印されていったのである。

ところが、故郷津軽を離れ札幌市民となって約半世紀が経ったある時、九州対馬を訪問したことをきっかけに、それまで眠っていた「蒙古《もんこ》の子守唄」と「安藤水軍」という二つの謎に対する思いが目覚めたのだ。

そして、津軽の名家に生まれながら奔放な人生を送った文豪、太宰治。その祖先は、蒙古襲来《もうこしゅうらい》から逃げ延びた対馬の人ではないかという三つ目の新たな謎が加わる。「対馬と津軽」「安藤水軍と蒙古軍《もうこ》」、一見つながりがなさそうな謎と謎が絡み合い、それが一本の糸となって見えた瞬間だった。

私は改めて歴史資料を探し、関係各所を取材して、この謎を解く旅（執筆）を始めたのである。その過程で参考にした文献資料の中で特に注目したのが太宰治の小説『津軽』と司馬遼太郎の『街道をゆく・北のまほろば』だった。太宰は生まれ育った津軽をどのように描いたのか、そして、司馬が青森県を〝北のまほろば〟とまで褒め称えた理由が何だったのかを知りたかったのだ。

しかし、両書を読み進めていくうち、そこにいくつかの疑問を抱いた。

まず、司馬の『北のまほろば』では、津軽の人々がけかち（飢饉の方言）に苦しめられたのは、弘前藩の政策によるものだと指摘している点である。それを、相次ぐ新田開発によって無理に無理を重ねた**「コメ一辺倒政策の悲劇」**と断罪しているのだ。

それは真実なのだろうか。無理を重ねてきたことは事実かもしれない。しかし、江戸時代の幕藩体制においては、コメは食料という以上に通貨としての役割が大きく、コメを確保することが日本の基本政策であったはずだ。あれから約四百年の時を経た今日、肥沃で美しい田園風景が広がる津軽平野があるのは、弘前藩が推進した新田開発の政策抜きには成しえなかったのではないか。青森県を〝北のまほろば〟と称賛した司馬遼太郎の慧眼には畏敬の念を抱く。しかし、弘前藩をして**「コメ一辺倒政策の悲劇」**と断罪した司馬の認識には違和感を持たざるを得ず、文壇の大家である司馬への反論を思い立つに至ったのである。

そして、太宰治の作品の中から迷うことなく、私が手にとったのが新風土記・小説『津軽』だ。終戦を迎える前年に刊行された、太宰三十六歳時の作品である。太宰は、その年の五月から六月の、おおよそ三週間をかけて初めて津軽半島一周を旅した。津軽が年間を通して最も爽やかな季節である。そんな津軽を旅して、太宰は何を考え何を思ったのかを知りたかったのだ。

ところが、読み始めて間もなく、それが風土記ではないことに私は気がついた。これは風土記に名を借りた「遺書」であるとの考えに至ったのだ。『津軽』は、太宰自身が自らの死を決意したなかで書かれた追憶の書であり、津軽への旅路は、故郷に永遠の別れを告げる最後の旅だったのではないか。私は『津軽』を読み終え、太宰が見ていない、書いていない、そして私自身もまだ知らない「津軽」を探求してみたいという思いに駆られた。

こうして僭越ながらも『司馬遼太郎への畏敬と反論』と題し、それらを紐解くべく、「蒙古の子守唄　余話」として本書を執筆することを決意したのである。

「我が故郷とは」と、改めて自らに問いかける〝津軽再発見の旅〟が、ここに始まる。故郷に想いを馳せながら遠い記憶をたどる旅。それは、回り道が多い、おぼつかない旅になるかもしれないが、この旅を最後までご一緒いただければ幸甚の極みである。

目次

第二章　二つの半島

第三章　青い森の恵み

第五章　津軽の誇り　三つの宝物

第七章　司馬遼太郎への反論

第一章　北のまほろば

一　司馬遼太郎の慧眼

北のまほろばというべき地

青森県をそう称したのは作家、司馬遼太郎である。

「まほろば」とは「素晴らしい場所」「住みよい場所」という意味の古語だ。古代の青森県を、そうまで褒め称える司馬の慧眼には畏敬の念を抱かざるを得ない。司馬は、自身の著書『街道をゆく・北のまほろば』において、それを次のように記した。

私は、まほろばとはまろやかな盆地で、まわりが山波にかこまれ、物成りがよく気持のいい野、として理解したい。むろん、そこに沢山《さわ》に人が住み、穀物がゆたかに稔っていなければならないが。（中略）ところで、青森県（津軽と南部《なんぶ》、下北）を歩きながら、今を去る一万年前から二千年前、こんにち縄文の世といわれている先史時代、このあたりはあるいは〝北のまほろば〟というべき地《くに》だったのではないかという思いが深くなった。

この紀行の題名については、『けかちの国が、まほろばか』と、地元でさえ、異論があるに相違ない。ついでながら、けかちもけかつも、古典に出てくる古い日本語ながら、いまは方言になっている。

「けかち」とは「飢饉」を表す方言で、東北地方、特に青森県では春から夏にかけて吹く冷たく湿った偏東風、山背《やませ》による冷害と凶作に泣かされてきたことを意味する。ある記録によれば、津軽地方を襲った飢饉は、元和《げんな》元（一六一五）年から昭和十五（一九四〇）年までの三百二十五年間に五十三回発生している。平均すると六年に一度の頻度で凶作に苦しんだ歴史がそこにはある。

何世紀にもわたって飢饉に苦しめられてきた貧しい青森県が、なぜ「素晴らしい場所」「住みよい場所」といえるのか。そう反論されることを予想しての記述なのだ。そうであってもなお、青森県は〝北のまほろば〟といえる。司馬は、そう断言したのだ。

「まほろば」の語源は伝説の英雄、日本武尊《やまとたけるのみこと》が詠んだ和歌だといわれる。

倭《やまと》は国のまほろば
たたなづく青垣《あおかき》
山籠《やまご》もれる
倭し麗《うるは》し

これは、日本武尊《やまとたけるのみこと》が死の直前に奈良の都をなつかしんで詠んだ和歌だ。

大和朝廷、奈良の都は「まほろば」と称される住みよいところであった。日本武尊は、大和朝廷の命により東奔西走した。若くして九州の熊襲《くまそ》を討ち、出雲を討ち、東方十二ヵ国の荒ぶる神や、まつろわぬ民をも討ち活躍したが、遂に遠く離れた彼の地で最期を迎えた。

司馬がいうように青森県は〝北のまほろば〟というにふさわしい地《ところ》だったに相違ない。もっとも、「けかち」の言葉が使われるのは稲作が行われるようになってからである。紀元前三千年から二千年の縄文時代中期までは、まだ稲作は大陸から伝わっていない。イネを作っていないのだから「けかち」になる理由もない。その頃には、ヒバやクリの木の豊かな森に囲まれた〝北のまほろば〟は、そこに間違いなく存在していたと私は疑わない。

※まつろわぬ民（抵抗を続け、帰順しない人々のこと）

二　確執

津軽とは、本州最北端、日本海と津軽海峡に面した現在の青森県西部を指す地域呼称である。江戸時代に津軽氏が支配した領域で現在の津軽郡の地域にほぼ相当する。古くは「津借」と表し、「蝦夷《えみし》が松前から渡って、津を借りて住んだから」というのが語源であるという。

古代、津軽の名称は「津借」のほか、「津刈」「都加利」「津加留」「津加呂」「東日流」「東鍛流」

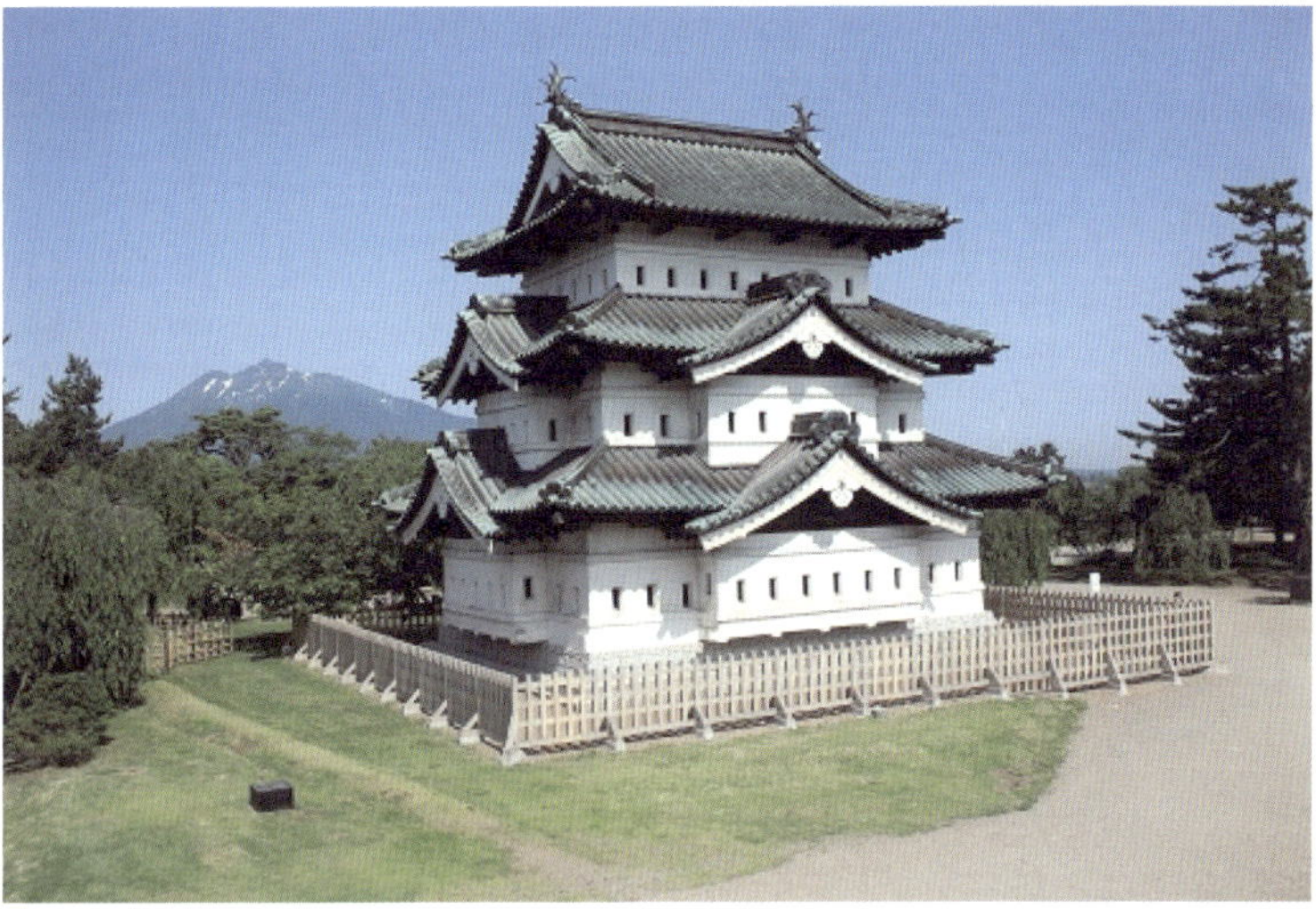

石垣修理のため曳家された弘前城（提供：青森県観光情報サイト）

「東海路」と表したこともある。呼称が先行して漢字をあてたとみられる。「ツガル」の名が初めて確認できるのは『日本書紀』の斉明天皇一（六五五）年の条にある**「津刈《つがる》の蝦夷《えみし》に冠二階を授けた」**という記述だ。

拙著『蒙古の子守唄』に記したように、十三世紀から十五世紀にかけては安藤氏が現・青森県の覇者であった。その後、安藤氏を打ち破った南部氏が十五世紀から十六世紀に青森県全域を支配したのだが、十六世紀に大浦為信《おおうらためのぶ》が津軽を名乗って弘前藩を置いたことから津軽の地域名が定着したといわれる。第二代藩主・津軽信枚《のぶひら》が、慶長《けいちょう》十六（一六一一）年、弘前城を築き、江戸時代末期まで支配した領域である。

南部氏の家臣として、津軽地方の統治を任されていた大浦為信であったが、主家を裏切り、元亀《げんき》二（一五七一）年、南部氏の津軽支配の要であった石川城攻略を手始めに十七年間でほぼ津軽を手中に収めた。天正《てんしょう》十七（一五八九）年には領地支配を豊臣秀吉に認められ、弘前藩が成立。初代藩主・津軽為信が誕生したのだ。

南部氏にしてみれば、今まで家来だった津軽氏が反旗を翻して自分と対等の藩主になるなど到底承服できることではない。こうして、津軽氏が南部氏を裏切り強引に独立したことにより津軽氏と南部氏は対立するようになる。ここに、津軽と南部の四百年にわたる確執が始まったといわれる。

江戸時代に入ると弘前藩と南部藩の確執はより深刻さを増す。慶長五（一六〇〇）年、天下の覇権を決めた「関ヶ原の戦い」では、津軽、南部両氏ともに東軍の徳川方についた。ただし、弘前藩は藩主の為信と三男で二代藩主となる信枚は徳川方に参加するも、嫡男の津軽信健《のぶたけ》は西軍の石田方につくなど、親子兄弟が分かれて東西陣営を両天秤にかけたともいわれる。

いずれにしても、徳川方の勝利によって津軽氏と南部氏は徳川幕府のもとで、共に外様大名としての道を歩み始めることになる。しかし、南部藩士から見れば元々は家来であった弘前藩の藩士は自分たちより格下であるという認識だ。一方、弘前藩士にしてみれば、これまでの経緯がどうあれ、津軽氏は幕府公認の大名なのだから南部藩士と対等な立場だと主張した。こうして両藩士の感情的な対立は深まり、それが領民にまで浸透する。トラブルもたびたび起き、境界紛争をはじめ、弘前藩主の暗殺未遂事件の勃発など歴史に残る事件も引き起こしたのである。

三　苦肉の策

明治維新によって約二百六十年続いた徳川幕府は終焉を迎え、藩政時代も終わりを告げた。明治維新は江戸城の無血開城によって行われたといわれるが、その実態はクーデターである。だが「維新」とはよく考えたものだ。上手というか巧みというか、武力によって政権を奪う「革命」より、どこか穏便で賛美するような印象を与える。明治維新と読んだり聞いたりしても、多くの人はクーデターとは解さない。しかし、その実態は薩摩藩と長州藩が主導した官軍と幕府軍が戦い、官軍の武力によって徳川幕府は倒されたのだ。武力によって政府が倒されれば、それはクーデターにほかならない。

江戸城の開城後、東北諸藩は明治維新の大きな渦に巻き込まれていった。京都の鳥羽伏見《とばふしみ》の戦いで始まった戊辰《ぼしん》戦争で、東北では奥羽の二十五藩と越後の六藩が参加して奥羽越列藩《おううえつれっぱん》同盟が結ばれたが、この同盟から「津軽」の弘前藩と黒石《くろいし》藩が脱退したことで軋轢《あつれき》が生じた。このことが、その後の青森県政をまとめるうえで大きな影響を与えたことは想像に難くない。かくして、苦労の末に現在の青森県は誕生したのである。その経緯は次のようなものであった。

明治四（一八七一）年七月十四日、廃藩置県の詔《みことのり》が発せられ、現在の青森県域には、当初、藩を引き継いだ津軽領に弘前県（弘前藩）と黒石県（黒石藩）、南部領に斗南《となみ》県（斗南藩）、七戸《しちのへ》県（七戸藩）、八戸県（八戸藩）が成立した。その後、同年九月四日、これら五県と北海道渡島《おしま》半島に成立していた館《たて》県（館藩）の六県が合併し、弘前県が誕生した。この時点で県庁は弘前市に置かれた。

県名も県庁所在地も旧・弘前藩である。感情的に敵対していた旧・南部藩の人々は、これはまさに旧・弘前藩への統合だと感じたに違いない。県域の半分近くは南部領であり、県庁所在地には八戸市を推していた南部では感情的な収まりがつかないのも無理はない。翌日の九月五日、現在の知事に相当する初代参事に任命された野田豁道《のだひろみち》は、苦肉の策として十八日後の九月二十三日に県庁を青森市に移転し、県名を青森県に改称したのである。

県庁所在地が弘前市から青森市に変更される理由となった、津軽と南部の根深い確執を象徴する次のような逸話が残っている。弘前藩では、参勤交代での江戸への往来も南部領を通る奥州街道《おうしゅうかいどう》ではなく、わざわざ峠道の険しい難所で知られる羽州街道《うしゅうかいどう》を利用した。羽州街道は五街道のひとつである奥州街道から分岐する「脇往還《わきおうかん》」である。主要な街道ではあるが、いわゆる〝脇道〟なのだ。津軽領の碇ケ関《いかりがせき》を発ち湯ノ沢の峠下番所を経て、羽州街道の急な山道を登ると陸奥国津軽と出羽国秋田の国境、矢立峠《やたてとうげ》に至る。矢立峠は、菅江真澄《すがえますみ》や伊能忠敬《いのうただたか》、吉田松陰《よしだしょういん》をはじめ、イギリスのイザベラ・バードなど、数多くの先人たちが通った「歴史の道」であり、明治天皇の行幸もなされた。

奥州街道で江戸へ向かうより何倍もの苦労が伴う羽州街道を利用したのは、南部領を通れない理由があるからだ。「津軽」と「南部」は何世紀にもわたって犬猿の仲だったからである。加えて、前述の奥羽越列藩同盟の脱退も両者のさらなる対立に影響したことは否めない。

「津軽」と「南部」では、津軽弁と南部弁といわれるように方言が異なる。そればかりでなく、気候や風土、産業も異なり、同じ県内にありながら「津軽」と「南部」という二つの文化が存在している。そして、この二つの地域は何かにつけ対立的な様相を呈するのである。表面的には何気なく見えても確執の根は深く、藩都であった弘前市が県庁所在地では南部の側が収まらず、妥協の産物として青森市に県庁が落ち着いたと伝わっている。

その後、青森市が県庁所在地として政治、経済の中心になったのは当然として、青函連絡船の就航もその発展を後押しした。これに対して「南部」の八戸市は漁港としての港湾機能に加え、セメント工場など工業都市としての機能を持ち、後には国立高等専門学校も誘致している。城下町弘前市は陸軍と国立弘前大学、武道館が設置され、黒石市には日本初のりんご試験場が設立されるなど、主要施設を分散することで融和を図り県民意識をまとめる努力をしてきたのだ。そして、それは今もなお続いている。

四　青い森

ヒバは青森県の「県の木」だ。昭和四十一（一九六六）年九月六日、ヒバ・りんご・トドマツの三つの候補で県民投票を行い、過半数を獲得したヒバに決定したのだ。青森県民がヒバを選んだのである。そのことを知って、私は小躍りして喜んだことを昨日のことのように覚えている。

私は津軽の片田舎、中里《なかさと》町今泉（現・中泊町今泉）で生まれ育ち、中学校を卒業してから札幌市民となる直前まで営林署で山仕事に従事していた。ゆえに、森林や山に対しての愛着や関心は人一倍強い。日本は国土の三分の二が森林だ。青森県もその面積の約六十六％が森林なので似たようなものである。青森県の樹木の四割はスギやマツなどの針葉樹で、そのほかはブナなどの広葉樹だ。元々はヒバも多かったが、伐採が進み今はそれほど多くはない。にもかかわらず、ヒバが「県の木」に選ばれたことは県民のヒバに対する愛着の強さを表している。

針葉樹を主体とした森林としては、南ドイツの「黒い森」が有名だ。密集して生えるトウヒの木によって、上空から見ると黒く映ることから「黒い森」の名がついたとされる。私は青森の県

青森ヒバ（出典：東北森林管理局 Web サイト）（https://www.rinya.maff.go.jp/tohoku/syo/aomorizimusyo/aomorihibatoha.html）

名も同様に、青々とした森が茂っているから青森になったのだと思っていた。ところがそれは違った。「青い森」には違いないのだが、その由来は青々とした大森林ではなく「小さな丘の青い森」だというのだ。

青森という地名は江戸時代前期の寛永《かんえい》二（一六二五）年、弘前藩が現在の青森市に港の建設を始めたときに名づけられたといわれる。当時、現在の青森市本町付近に松が青々と生い茂る小高い丘があり、港に入る船の目印になっていた。漁師たちは、その森を次第に「青森」と呼ぶようになり、それが地名となり、県名になったのである。

残念ながら現在その森は残っていない。こんもりとした小高い丘の、小さな「青い森」が県名の由来だったとは意外だが、ヒバを産地とするこの地には最もふさわしい県名だと思うのだ。

ヒバは一万年以上も昔、縄文時代から青森全域に群生している。ヒバとヒノキは、どちらもヒノキ科の針葉樹であり見た目はよく似ているが、ヒバは樹高二十〜三十㍍なのに対し、ヒノキは二十〜四十㍍と高く、逆にヒバの葉はヒノキの葉より大きい。材木としてのヒバは黄みがかった色で年輪も不鮮明である。一方ヒノキは高級感のある上品な淡紅色で年輪の幅も均一だ。このように、美しさに優れているヒノキは高値で取引され、そのブランド価値も高いのだ。

ヒバは別名をアスナロともいう。アスナロは、古くには「アテ（貴）」、「アテヒ（貴檜）」とも呼ばれていたことから、高貴な、あるいは気品のある樹木として用いられていたのかもしれない。その後、「アテヒ」が転化して「アスヒ（阿須檜）」になり、現在は漢字表記で「明日檜」「翌檜」と書く。一説には、「アスハヒノキ（明日はヒノキ）」、「アスハヒノキニナロウ（明日はヒノキになろう）」が転じてアスナロになったともいわれる。一方で、葉のボリューム感から「アツハヒノキ（厚葉檜）」から転じたとの説もある。

清少納言の『枕草子』には、**「何の心ありて、あすはひのきとつけけむ」**という一節がある。その意味は「どういった考えがあって、『明日はヒノキ』という名前を付けたのだろうか。誰に対してそんな予言をしたのかと思うと、名付けた人に聞いてみたくて面白い。」といったところか。

一般的には、津軽人の気質からか「明日はヒノキになろう」説が好まれている。材木としてはヒノキより安価なアスナロを人間に例え「今はダメな自分でもいつか成功してみせる」という人生訓に用いられている。

また、ヒバは耐久性が高く腐りにくい。このため、弘前城をはじめ、岩木山《いわきやま》神社、猿賀《さるが》神社、長勝寺《ちょうしょうじ》など、県内の神社仏閣には、その建築材としてヒバが多く用いられているのである。

五　遺跡は語る

(一) 世界に誇る遺跡群

司馬遼太郎が青森県を〝北のまほろば〟と称した根拠は、おそらく青森県に存在する縄文遺跡群の存在によるところが大きい。北東北では、それだけ数多くの縄文遺跡が発掘されている。まさに遺跡の宝庫ともいえる北海道と北東北を中心とした縄文遺跡群は令和三（二〇二一）年七月二十七日、ユネスコの世界遺産に登録された。

世界遺産「北海道・北東北の縄文遺跡群」構成資産一覧

大船《おおふね》遺跡・垣ノ島《かきのしま》遺跡（北海道　函館市）
キウス周堤墓《しゅうていぼ》群（北海道　千歳市）
北黄金《きたこがね》貝塚（北海道　伊達市）
鷲ノ木《わしのき》遺跡（北海道　森町）
入江《いりえ》・高砂《たかさご》貝塚（二カ所）（北海道　洞爺湖町）
大湯《おおゆ》環状列石（秋田県　鹿角市）
伊勢堂岱《いせどうたい》遺跡（秋田県　北秋田市）
御所野《ごしょの》遺跡（岩手県　一戸市）
是川《これかわ》石器時代遺跡・長七谷地《ちょうしちやち》貝塚（青森県　八戸市）
二ツ森《ふたつもり》貝塚（青森県　七戸町）
三内丸山《さんないまるやま》遺跡・小牧野《こまきの》遺跡（青森県　青森市）
亀ヶ岡《かめがおか》石器時代遺跡・田小屋野《たごやの》貝塚（青森県　つがる市）
大平山元《おおだいやまもと》遺跡（青森県　外ヶ浜《そとがはま》町）
大森勝山《おおもりかつやま》遺跡（青森県　弘前市）

三内丸山遺跡（写真撮影：三上洋右）

このように、十七の遺跡と二つの関連資産で構成される縄文遺跡群のうち、実に九カ所が青森県に存在するのだ。この遺跡群こそ、司馬がいう〝北のまほろば〟の根拠なのである。その代表格は三内丸山遺跡にほかならない。

三内丸山遺跡は約五千九百年前の遺跡といわれ、八甲田山から続く緩やかな丘陵の先端に位置している。縄文時代前期から中期（今から約五千九百年から四千二百年前）にかけての大規模集落跡で、国の特別史跡に指定されている。その三内丸山遺跡がクローズアップされたのは、平成六（一九九四）年に直径一メートルのクリの木の柱が六本見つかってからだ。しかも、それは四・二メートルの等間隔で建てられた柱跡だったのである。この柱跡が発見されたのは偶然のことであった。平成五（一九九三）年、県営野球場の建設のための事前調査をしたところ、想像以上に大規模な集落跡の遺跡があることが分かり新球場の建設は中止となった。

実は、この遺跡の存在は江戸時代から知られていた。弘前藩の事績を記した『永禄日記』では、江戸時代初期に多量の土偶が出土したことが記録されている。また、菅江真澄の遊覧紀行文『栖家《すみか》の山《やま》』には、三内の村の堰が崩れた場所から瓦や甕《かめ》、土偶のような破片が見つかったことも記録されている。遺跡が一般公開された当初は、発掘調査に支障のない範囲で自由に遺跡の側《そば》まで立ち入って見ることが許されていた。私は幸運にも、当時、従兄弟の案内で間近にそれを見学することができた。私は平成三（一九九一）年四月に札幌市議会議員に初当選しているが、その三年後、家族で帰省した時のことである。直径一メートル《メートル》のクリの木の柱跡や大型建物跡を見た時の驚きは、今も鮮明に覚えている。そのスケールの大きさに圧倒されたのだ。

現在、住居群や倉庫のほか、遺跡のシンボルともいえる六本柱の三層の掘立柱建物が再現されていて、資料や出土品は「縄文時遊館」で展示されている。

遺跡から出土したクリの実をＤＮＡ鑑定したところ、それが栽培されていたものであることが分かった。多数のクリ、クルミ、トチなどの穀、一年草のゴマ、ヒョウタン、ゴボウ、マメなどといった栽培植物も出土している。

平成六（一九九四）年九月に開催された「北のまほろばシンポジウム」では、次のように発表された。

「三内丸山の人たちは、自然の恵みの採集活動だけに依存せず、集落の周辺に堅果類の樹木を数多く植栽し、一年草を栽培していた可能性が考えられる。」

さらに、この遺跡の居住者は数百人と考えられ、最盛期の縄文時代後期には五百人の居住者があったとの発言もあった。これほどの高度な文化と暮らしの営みがあった集落が、なぜ終焉を迎えたのかは謎とされている。発掘調査は世界遺産に登録された今もなお続けられているのだ。

(二) 高度な古代社会

三内丸山遺跡には、通常の遺跡でも見られる竪穴住居や高床式倉庫のほかに十棟を超える大型竪穴建物と、大型掘立柱建物など、七百八十棟に及ぶ建物があったと言われている。特に、長さ三十二メートル、幅十メートルの大型竪穴建物や、直径一メートルの柱六本が見つかった大型掘立柱建物は当時の建築技術の高さを裏付けるものであり、それを可能にした高度な社会組織の存在が浮かび上がってくる。

六本柱建物の復元に当たっては何度もの議論が繰り返された。建設する場所は、六本柱建物があったと推測される場所のすぐ脇とすることで決まったものの、如何せん、出土したのは柱穴と柱基部だけである。それは何の施設だったのか。祭殿や神殿などの宗教的施設、あるいは物見やぐらや灯台、天文台など、実用的な施設であったとする意見も出された。

復元にあたっては、国立民族学博物館名誉教授の小山修三氏の監修のもと、考証と施工は大林組のプロジェクトチームが担った。当初は屋根付きの建物とすることも想定していたようだが、最終的に屋根のない三層構造の建物になった。あえて完成させず建造途上の状態にしているようだが、中途半端な感が否めず、後々まで疑問の声が上がっているという。

遺跡の中で最大規模の建物が大型竪穴建物跡だ。その広さは八十坪にもおよび、地面を一㍍ほど掘り下げることで、冬でも比較的暖かい構造になっている。このことから、それは共同生活の場としての住居、または共同作業所や集会所であったとも考えられている。

このほか、一般的な竪穴式住居跡は、これまで五百棟ほどが調査されている。竪穴式住居は保湿性の高い茅葺きや樹皮葺き説に加え、土葺き説も取り上げられるようになったことから、これら三種類十五棟を復元している。

また、東西約七十五㍍、南北約十八㍍の範囲に柱穴群が発掘されている。この柱穴の内側や周辺には生活の痕跡が確認できなかったため、ネズミなどの害から食料を守る、高床式倉庫の柱穴

小牧野遺跡（写真撮影：三上洋右）

ではないかと考えられ、復元された。

さらに、道路跡の周辺からは、環状配石墓（ストーンサークル）も検出されている。土坑墓が約四百七十基なのに対し、環状配石墓は二十基程度と数が少ないことから、〝ムラ長《おさ》〟の墓とも考えられている。また、この墓のひとつからは炭化材が出土しているが、これは最古の「木棺墓」の跡ともいわれている。

そして、この三内丸山遺跡のストーンサークルの石の並べ方が、その南方にある小牧野遺跡（青森市野沢字小牧野《こまきの》）のストーンサークルと共通しているとして、その関係性も大いに注目されているのだ。

（三）繁栄と終焉

これほどの集落が、なぜ終焉を迎えたのかは今も謎である。一因としては寒冷化などが挙げられるが、それだけで集落全てを手放すとは考えにくいともいわれている。クリの栽培をやめなければならない何か特別な理由があったという見解も示されてはいるが、それが何であるかは分かっていない。

出土した遺物は段ボールで数万箱にもおよび、土器や石器が中心だが、日本最大の板状土偶などの土製品や石製品も多く出土している。このほかにも、日本の各地域との交易で得たと推測される黒曜石、琥珀、漆器、翡翠《ひすい》製大珠なども見つかっていて、これらの遺物千九百五十八点は、平成十五（二〇〇三）年、国の重要文化財に指定された。

石斧に使われていた緑色岩は、その六〜七割が北海道平取産のもので、交易などで入手していたと考えられる。一方、翡翠の主産地は糸魚川流域であることから、上越地域との交易も証明されるのだ。また、平底の円筒土器や玦《けつ》状耳飾りなどは、中国東北部の「遼河文明」（紀元前六二〇〇年頃から存在したと考えられている）との類似性が指摘されている。これらのことから、縄文時代のネットワークは、我々の想像をはるかに超えて、広域的であったと考えることができる。

一方、三内丸山遺跡から出土した動物遺体は、縄文集落では一般的なシカやイノシシが少なく、七割近くがノウサギとムササビである。こうした小動物ばかりを食べていたのであれば、集落終焉の背景には巨大集落を支えるシカやイノシシなどの食料資源が枯渇していた可能性が考えられるのだ。

令和元（二〇一九）年十二月、国は、北海道と北東北を中心とした縄文遺跡群の世界遺産の登録にあたり、推薦書をユネスコに提出している。そこには、これら遺跡群を、次のように表現している。

「北東アジアにおいて長期間継続した採集、漁労、狩猟による定住の開始、発展、成熟の過程及び精神文化の発達をよく示しており、農耕以前における人類の生活の在り方と、精緻で複雑な精神文化を顕著に示す物証である。」

三内丸山遺跡は、その代表格といっても過言ではない。

平成六（一九九四）年の夏頃だったと思うが、前述したように私は従兄弟の案内で遺跡を見学することができた。遺跡は一般公開されたばかりで、車を駐車させた場所からわずか五十㍍ほどの位置にあった。あの直径一㍍のクリの木の六本柱跡も簡易的に囲われただけで、深く掘られた遺跡からは、溜まった水がポンプで汲み上げられていた。豊富な地下水で柱が水浸しだったことが功を奏し、腐ることなく良好な保存状態が保たれたのだ。

現在の復元された六本柱がレプリカであることはいうまでもない。だが、当時は、四・二㍍の間隔で規則正しく並んだ柱跡のうち二本の柱の根元は埋ったままの状態で、一本ははっきりとこの目で確認することができたのだ。また、次々と発掘されていた土器や土偶も、その近くに展示されていた。これらの遺跡や遺物が野ざらし状態で一般公開されていただけに、古代のロマンや息吹を直に感じることができた。

文字のない、遥か太古の時代を物語ってくれるのは、これらの遺跡や遺物である。当時の高度な文明と生活を蘇らせる動かぬ証拠でもある。三内丸山の遺跡を目の当たりにした私には、耳を澄ませば縄文の先人たちの歌や歓声が聞こえ、目を凝らせば、踊り、駆け回る姿が見えてくる、そんな気がしてならなかった。

六　古代歴史ロマン

(一) ゴーグルをつけた宇宙人

司馬が『北のまほろば』の執筆を始めた当初、まだ六本の巨大柱跡は発見されていない。それが発見されたのは取材が一段落した執筆中、報道で知ったと記している。

このことからも分かるように、司馬は六本の巨大柱跡が発見される以前の段階で、青森県が〝北のまほろば〟だと言及していたのである。これは、巨大柱跡の発見を待つまでもなく〝北のまほろば〟と言うにふさわしい、あるいは、発見は十分あり得ることと予測していたのかもしれない。

そして今、津軽地方には三内丸山遺跡をはじめ、六ヵ所の遺跡が存在する。まさに、〝北のまほろば〟の条件は揃ったのだ。それは明治二十（一八八七）年に、亀ヶ岡石器時代遺跡の〝顔〟ともいえる遮光器土偶が出土していたことからも明らかだった。まるで「ゴーグルをつけた宇宙人」のようにも見える遮光器土偶は、遺跡ファンやコレクターにとって、その関心の高さは他とは比較にならないという。国の重要文化財として東京国立博物館に収蔵されている、まさに、縄文界を代表するトップスターなのだ。

亀ヶ岡石器時代遺跡は、つがる市（旧・木造町）の津軽平野西南部の丘陵地帯先端部にある。この地に、元和《げんな》九（一六二三）年、弘前藩二代藩主・津軽信枚《のぶひら》が亀ヶ岡城を築こうとした際、土偶や土器が出土したことで発見された。

信枚は、弘前城に加えて亀ヶ岡城の築城に取りかかったが、その後、一国一城令が出されたため築城は中断。亀ヶ岡城の廃城後、城の堀になる予定の場所に大溜池を造った。現在、その近くにある「縄文館」で遺跡から出土した多くの考古資料が展示されている。

遮光器土偶が出土した二年後の明治二十二（一八八九）年の学術調査以来、昭和に入ってからも発掘調査が行われた。昭和五十五（一九八〇）年の調査では、遮光器土偶のほかに、土器、石器、木製品、漆器、翡翠製玉類などが、さらに土壙《どこう》跡二十六基が発掘されている。しかし、生活跡や遺構は未発掘のままである。

地名の亀ヶ岡は「甕《かめ》が出土する丘」に由来するといわれている。現在は無断で発掘することは禁じられているが、江戸時代には、掘り出された土器は勝手に売買された。特に、この地から出土した土器や土製品は形やデザインが美しいことから「亀ヶ岡物」と呼ばれて愛好家に好まれた。完全な形で売られた数は一万個を超えるといわれ、オランダ商館を通じ、遠くヨーロッパ諸国にも流出したのである。

（二）ふるさと創生一億円

つがる市を訪れて驚いたのは、JR木造駅の駅舎全体が遮光器土偶に覆われていたことだ。異彩を放つ土偶オブジェの巨大さには圧倒される。このオブジェは「しゃこちゃん」という愛称で、目の点滅で電車の到着を知らせてくれる。ちなみに、この目の点滅は「いらっしゃいビーム」と呼ばれているそうだ。

なぜこんな駅舎を作ったのか。それは、昭和六十二（一九八七）年の国鉄分割民営化に伴う木造駅の無人化にさかのぼる。これをきっかけに、旧・木造町が駅を中心とした活性化計画を立てた。ちょうどその頃、竹下内閣のもとで行なわれた「ふるさと創生事業」による交付金一億円を活用して、駅舎を改築したというわけだ。

活性化計画の策定は、外部有識者で構成された検討委員会の意見を聞きながら進められた。この検討委員会で、「亀ヶ岡遺跡」のＰＲを兼ね、街のシンボルとなっている遮光器土偶と駅舎が合体したもの、というコンセプトが決まり、あのような度肝を抜くデザインになったのである。

駅舎は平成四（一九九二）年に完成するが、最終的に一億円では収まらず、二倍を超える約二億一千二百万円を費やした。それにしても、〝ふるさと創生一億円〟を活用したとは考えたものである。

JR 木造駅（写真撮影：三上洋右）

大平山元遺跡（写真撮影：三上洋右）

（三）遺跡の宝庫

ここまで、津軽地方の代表的な遺跡として「三内丸山遺跡」と「亀ヶ岡石器時代遺跡」を取り上げたが、この他にも、約一万六千五百年前のものとされる「太平山元《おおだいやまもと》遺跡」をはじめ、他の遺跡には未発掘のところが多い。

三内丸山と亀ヶ岡の両遺跡からは、新潟県糸魚川《いといがわ》産の翡翠《ひすい》が発見されている。これは日本海を通じ、人や物の交流が活発だったことを物語っている。今後、残された遺跡の発掘と解明が待たれるところだ。縄文文化は、世界的にも稀な生物多様性に恵まれた生態系に適応し、約一万年もの間にわたる持続可能な社会を形成した。牧畜をせずに、狩猟・採集・漁労を生業の基盤としながら定住し協調的な社会をつくり上げ、それを長期間継続した。これは、世界の新石器時代の文化とは全く異なり、先史文化としては世界史上極めて稀有なものだといわれている。

司馬が称した〝北のまほろば〟は、間違いなく古代の津軽に存在したであろう。そこに暮らした人々が忽然と姿を消したのは、弥生人に取って代わられたとも、大寒波に襲われたともいわれるが、真相はいまだ謎のままである。いずれにしても、その時代を想像するだけで心が躍る。津軽は古代の歴史ロマンが漂う遺跡の宝庫なのだ。

第二章　二つの半島

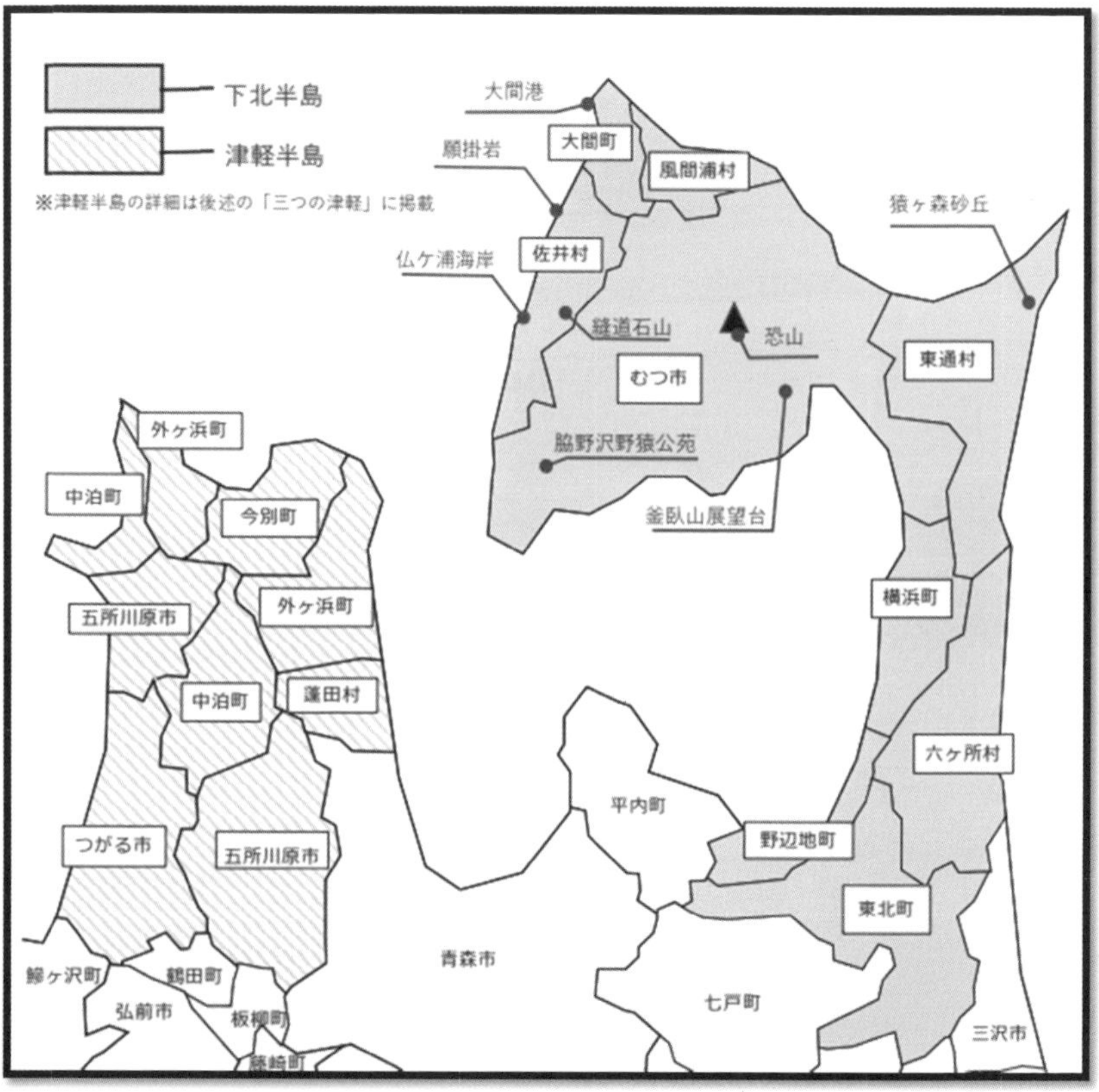
下北半島
津軽半島
※津軽半島の詳細は後述の「三つの津軽」に掲載
大間港
大間町
願掛岩
風間浦村
猿ヶ森砂丘
佐井村
仏ヶ浦海岸
縫道石山
恐山
むつ市
東通村
脇野沢野猿公苑
釜臥山展望台
外ヶ浜町
中泊町
今別町
五所川原市
外ヶ浜町
中泊町
蓬田村
横浜町
六ヶ所村
平内町
野辺地町
つがる市
五所川原市
東北町
青森市
鰺ヶ沢町
鶴田町
弘前市
板柳町
七戸町
三沢市
藤崎町

二つの半島

一　下北半島

（一）斗南藩の悲劇

青森県には、下北半島と津軽半島という二つの大きな半島がある。そこはかつて、安藤氏が統治した領域だ。

県北東部、本州最北端に位置する下北半島は、半島全体が国定公園に指定されている。日本三大霊場に数えられる恐山《おそれざん》が有名で、ニホンザル生息地の北限としても知られている。後述するが、私はこの半島をかつて旅している。旅とはいっても函館市からカーフェリーで大間町に渡り、むつ市に一泊して青森市に抜けただけだ。今度の旅（執筆）で下北半島を旅するのは二度目となるが、あれから半世紀を経て、また違った思いを抱いている。

下北半島は、その形状から「鉞半島《まさかりはんとう》」の別名を持つが、かつてこの地を治めていた斗南藩《となみはん》にちなみ、「斗南半島《となみはんとう》」とも呼ばれる。そんな藩が下北半島にあったのかと思われるかもしれないが、それもそのはずで、斗南藩は明治維新で生まれた藩なのだ。

幕末《ばくまつ》、京都守護職《しゅごしょく》だった会津藩主・松平容保《かたもり》は、戊辰《ぼしん》戦争で新政府軍に徹底抗戦したため、明治元（一八六八）年に二十三万石の所領を没収された。明治二（一八六九）年に赦免《しゃめん》され再興を許されたが、嫡子《ちゃくし》・容大《かたはる》に与えられた所領は、下北半島の下北郡・三戸郡・二戸郡の、わずか三万石であった。これにより斗南藩が立藩され、会津藩の人たちは、過酷な寒冷地である下北半島への移住を強いられたのだった。ちなみに、「北斗以南皆帝州（北極星より南、本州最果ての地もみな天皇の領地である）」から「斗南」と命名されたと伝わる。しかし、斗南藩の存続は、わずか二年に満たなかった。それは明治四（一八七一）年、政府による新たな国づくり、廃藩置県が始まったからだ。全国約三百に及ぶ藩を四十七都道府県に再編したのである。これにより、斗南藩は斗南県となり、その後、青森県に編入されたのだ。

これらのことは、親しくお付き合いいただいている、むつ市出身の元札幌市の幹部職員で、現在は道内最大手の建設会社役員に就かれているO氏から『蒙古の子守唄』の執筆中に助言をいただき知ったことだ。それがなければ、恥ずかしながら斗南藩の苦難の歴史は知ることはなかったであろう。風習や伝統、文化の異なる国（藩）をひとつにまとめることは容易なことではない。そのため、県庁所在地の選定にも相当の苦労があったのである。斗南藩のことはこれまで漠然《ばくぜん》と知ってはいたが、O氏の助言により、改めてその悲劇に思いを馳《は》せることとなった。

そんな悲しい歴史を背負った下北半島が世界的な注目を浴びたことがある。それは「日本列島改造論」が世に出た時代、昭和四十六（一九七一）年の「むつ小川原開発計画」である。これは、上北郡《かみきた》六ヶ所村を中心とする一帯に石油コンビナートや製鉄所を主体とする大規模臨海工業地帯を整備する開発計画であった。当時、「世界最大の開発」といわれたが、二度のオイルショックの影響によりコンビナート計画は実現せず、のちに、原子力関連施設が進出することとなり、現在もその建設工事は続いている。ちなみに、蒙古《もんこ》探しの旅（執筆）をともにした札幌市の友人の河原博之氏が経営する地質調査会社は、六ヶ所村、東通《ひがしどおり》村の二カ所で原発関連のボーリング調査に従事している。

このような経緯があったとは露《つゆ》も知らず、私は、昭和五十年代に夫婦で札幌市から車を走らせ、下北半島を訪れたことがある。青森市から、むつ市大湊に転勤で移り住んだ中学校時代の友人Nさんを訪ねるためだった。札幌市から函館市まで六時間、函館市から大間町までカーフェリーで約二時間の旅だ。津軽海峡から望む大間《おおま》岬の雄大さは、まさに原始の風景そのもので国定公園の風格は十分である。

本州最北端の街、大間町といえばクロマグロが有名だ。「黒いダイヤ」ともよばれる大間まぐろは、築地市場の初セリで一本三億円を超える値を付けたこともある。

大間港にはNさん夫婦が迎えに来てくれた。その夜は、Nさんのご自宅で、ご夫婦とともに飲み明かしたことも懐かしい思い出である。翌日に見学した大湊《おおみなと》港には海上自衛隊の総監部があり、陸奥《むつ》湾にたたずむ軍艦の雄姿は普段では目にすることのない光景だ。その一方で、湾内には多く

大間岬（提供：青森県観光情報サイト）

のヨットも浮かんでいて、うららかな凪《な》ぎの海に並んだヨットと軍艦の組み合わせに平和を感じたのだった。

（二）日本三大霊場「恐山」

旅の帰路、私たちは恐山に立ち寄った。季節は五月連休明け、山開き間もない時期だった。硫黄の匂いが漂う小雨煙るなか宿坊に足を踏み入れたその時、背筋に寒気を感じた。先入観かもしれないが、それは霊が迫る感覚だった。故人の霊を呼び起すといわれるイタコ（霊媒師）で有名な恐山であるが、イタコは恐山に常駐しているわけではない。毎年七月に行われる「恐山大祭」と、十月に行われる「恐山秋詣り」に合わせて各地から集まって来るのだ。

この時期には、恐山菩提寺《ぼだいじ》の境内で行われるイタコの「口寄せ」を聞きに、全国から大勢の人々が集まってくる。故人と現実に逢っているかのごとく対話ができるという不思議な世界を体験でき、昔から「大祭の日に地蔵を祈れば、亡くなった人の苦難を救う」と伝えられている。しかし、近年はイタコの高齢化が進み、イタコ自体の人数が減り続けている。恐山に集まるイタコは一九七〇年代に四、五十人であったが、近年は二、三人と大きく減少しているそうだ。イタコの後継者問題は深刻で、近い将来、恐山に集まるイタコはいなくなってしまうかもしれない。

下北半島には一日半の滞在であった。願掛岩《がんかけいわ》、縫道石山《ぬいどういしやま》、釜臥山《かまふせやま》展望台、猿ヶ森砂丘など、まだ見ぬ名所が多くある。「次回来た時は、そこへ寄ろう」、そう思いつつ、あれから半世紀が過ぎNさん夫婦も早世してしまった。それは早すぎる別れであった。

北海道も広いが下北半島も広い、むつ市大湊から青森市までは車で約三時間を要する。半島北部の人たちは買物や病院は函館市の方が近いという。「陸の孤島」といわれるのも、もっともな話だ。次回、下北半島に行く時は、外ヶ浜町蟹田《かにた》からフェリーに乗ってニホンザル生息地の北限として有名な、むつ市脇野沢《わきのさわ》に入り、下北半島巡りをしたいと思っている。断崖や巨岩が連なる景勝地、夏の仏ヶ浦《ほとけがうら》海岸の景観をこの目で見てみたいのだ。

恐山菩提寺山門（写真撮影：三上洋右）

恐山菩提寺境内（写真撮影：三上洋右）

二　津軽半島

もうひとつの半島、津軽半島は、東岸は青森湾・陸奥湾と、その開口部である平舘《たいらだて》海峡を挟んで下北半島に向き合うように位置する。半島東岸を青森から延びる北海道新幹線は今別《いまべつ》駅を経て青函トンネルを抜け北海道へと繋がる。在来線は青森から外ヶ浜町三厩《みんまや》までJR津軽線が走っている。

新幹線の奥津軽いまべつ駅と在来線の津軽二股駅は隣接していて、その近くにある道の駅「いまべつ半島プラザアスクル」では地元の特産品が数多く販売されている。札幌の友人を案内したところ、根曲がり竹の「タケノコ」の瓶詰と「いまべつ牛」が好評だった。もう一度連れて行ってくれと、その友人から懇願されたものだった。

外ヶ浜町蟹田《かにた》からは、津軽半島と下北半島のむつ市脇野沢を約六十分で結ぶ「むつ湾フェリー」が一日に二往復運航している。蟹田の名産は「トゲクリガニ」だが、資源保護のため、漁期は毎年四月下旬から五月上旬の、わずか十日間に限定されている。毛ガニとよく似ているがミソはこちらの方が濃厚だ。そう、蟹田の地名は、このトゲクリガニに由来している。

外ヶ浜町三厩と北海道福島町の間には、かつてカーフェリーが運航していた。当時、青函連絡船では四時間かかるところを二時間で北海道に渡れるというので、帰省の復路、少しでも早く札幌に到着できればと思い利用したことがある。ところがフェリーを見て驚いた。それはフェリーというよりタグボートを大きくしたような小さな船だった。津軽海峡の波は荒い。船は揺れに揺れ、航海の二時間は倍の長さにも感じられたものだ。さらに、福島町から札幌市へ向かう国道五号に合流するまでが三時間はゆうにかかる距離なのだ。

　半島の東側には、青森市から外ヶ浜町三厩まで国道二八〇号が通っている。一方、半島の西側には、弘前市から津軽平野を北上して半島北端の津軽海峡に至る延長約百二十九キロメートルの国道三三九号が整備されている。これが三厩で国道二八〇号と結ばれ、半島を周回するルートとなっている。

　だがかつて、津軽半島は周回できる道路がなく、西側は小泊、東側は龍飛で行き止まりとなり、小泊と龍飛の間は小舟で結ばれていたのだ。それが解消されたのは昭和五十九（一九八四）年のこと。この未開通区間十九・一キロメートルの整備は断崖や急斜面を通す難工事で、小泊側十二・七八キロメートルは、陸上自衛隊第九施設大隊と第三十九普通科連隊が担った。こうして、通称「竜泊《たつどまり》ライン」と呼ばれる道路が開通したことで津軽半島は車で一周できるようになったのだ。

　断崖絶壁の半島北端、竜泊ラインの急勾配の坂と、幾重にも連なるカーブを進んだ山頂付近にある「眺瞰台《ちょうかんだい》」からは、北海道、下北半島、日本海を望む大パノラマが広がる。私は何度か竜泊

階段国道 339 号（提供：青森県観光情報サイト）

ラインを走ったことがあるが、難所を走るコースは大きなインパクトがあった。

国道三三九号といえば、国道で唯一、車では通行できない「階段国道」が有名だ。龍飛の灯台と崖下の漁港を結ぶ三百六十二段の階段と歩行者専用通路が国道に指定されているのである。歩道であるにもかかわらず立派な国道標識も立っていて、外ヶ浜町の貴重な観光資源になっている。

半島を周回する国道二八〇号と三三九号が結ばれる三厩には、義経伝説で有名な義経寺《ぎけいじ》がある。源義経《みなもとのよしつね》は一般的には奥州平泉で自刃したといわれている。しかし、三厩では龍飛まで逃げのびた義経は龍馬（羽のついた馬）に乗って海を越え、北海道へ渡ったと伝えられているのだ。

一方、龍飛崎の道の駅「みんまや」には、青

津軽海峡冬景色歌謡碑（提供：青森県観光情報サイト）

函トンネルの海面下百四十㍍の地下坑道を体験できるトンネル記念館がある。また、多くの歌謡曲に登場する龍飛崎には「津軽海峡・冬景色」の歌謡碑がある。スイッチを押すと、石川さゆりの美声が海峡に反響《こだま》する。

津軽半島中央部に広がる津軽平野は米の生産が盛んだが、その大半は弘前藩政時代の新田開発によるものだ。龍飛崎の南方に位置する小泊岬は熊野権現《くまのごんげん》を祀り、地元では「権現崎《ごんげんざき》」と呼ばれている。さらには、西岸を南に進むと十三湖《じゅうさんこ》があり、そこから南の海岸には七里長浜《しちりながはま》が続く。この内陸には湖沼が数多くあり、海岸沿いには砂地と針葉樹による小高い防風林の屏風山《びょうぶさん》が半島付け根まで続き、水はけが良い砂地に適したスイカ、メロン、長芋、ごぼうなどの生産が盛んだ。

第三章　青い森の恵み

津軽森林鉄道（提供：東北森林管理局）

一　津軽森林鉄道

意外だと思われるかもしれないが、日本で初めて導入された森林鉄道は「津軽森林鉄道」である。津軽半島で生産されるヒバの搬出・輸送のためだ。文明開化の波は、津軽にも確実に押し寄せていた。

津軽半島の山間《やまあい》に暮らす人々の多くは林業に関係する仕事に就いていた。明治時代に入り、森林鉄道が導入されたことで林業は活況を呈した。雇用が生まれ、収入が安定し、人々の生活は激変したのである。「陸の奥《みちのく》」「化外の地《けがいのち》」といわれ、近代化とは無縁とも思われた本州最果ての地に文明の最先端である鉄道が導入されたのは、どのような経緯だったのだろうか。

津軽半島のヒバ林は木曽のヒノキ、秋田のスギと並び〝日本三大美林〟のひとつとして知られ、藩政時代には木材として重用されてきた。津軽地方での木材の輸送方法は、明治時代の中期まで一本ずつ川に流す「管流《くだなが》し」や「いかだ流し」が主流であった。冬期間にソリで山地《やま》から集められた木材は、春先の雪解けにより増水した河川に放流して下流の貯木地に集められる。急峻で水量の少ない河川しかない津軽半島では、放流できる期間が春先の増水期に限られていたのだ。しかも、その河川の多くは水深が浅いため木材の損傷や紛失も多く、途中で橋梁《きょうりょう》や田畑などに損害を与えることも度々《たびたび》あった。このように計画的な林業経営は成り立たないほど輸送力は脆弱《ぜいじゃく》ではあったが、それでも当時の木材市場への対応は十分賄えたのだ。それを一変させたのは明治政府による富国強兵政策である。国内市場は活況を呈し、建築資材として、また、兵器やその燃料としての木材需要が一気に高まったのだ。

明治二十四（一八九一）年に東北本線、同二十七（一八九四）年には奥羽本線が相次いで開通する。その終点である青森市が木材や海産物の集散地として発展するようになると津軽半島のヒバ材も青森市へ集められ、鉄道によって県外へ運ばれるようになった。

さらに、明治三十六（一九〇三）年から翌三十七（一九〇四）年の日露戦争を契機とする国内の経済活動の活発化にともない、木材需要はさらに高まった。政府は、財政確保のために国の直営で木材生産を行うことを決め、明治三十八（一九〇五）年には、当時国内最大といわれた「青森貯木場」が、その翌年には全国初の官営製材所として「青森製材所」が開設された。計画的な林業経営を確立するためには木材の安定した供給が不可欠である。計画を急ピッチで進めるためには、津軽半島の豊富な木材を、いかに効率的に青森市へ輸送するかが大きな課題であった。その切り札となったのが森林鉄道の導入だったのだ。

津軽森林鉄道の建設に当たっては、土木技師・二宮英雄《にのみやひでお》の設計指導の下、二つの路線案が立てられた。

一つは石川越ルートである。木材の蓄積量が豊富な内真部《うちまんぺ》、金木《かなぎ》、中里の国有林の利活用を図るもので、内真部海岸から喜良市《きらいち》貯木場までの二十四キロメートルを直線的に結び、喜良市から中里までの支線八キロメートルを設置する計画である。

もう一つは六郎《ろくろう》越ルートである。青森貯木場を起点に津軽半島東側を北上し、中山《なかやま》山脈を二つのトンネルで抜け、喜良市貯木場へ至る全長六十七キロメートルの計画である。

この二つの案を検討した結果、利用区域の拡大と機関車能力を勘案し、六郎越ルートの採用が決まり、明治三十九（一九〇六）年から三区間に分けて着工された。

【第一区間】　蟹田《かにた》—今泉《いまいずみ》—薄市《うすいち》間　明治三十九年着工・四十一年完成
【第二区間】　薄市—喜良市貯木場間　明治四十年着工・四十二年完成
【第三区間】　青森貯木場—蟹田間　明治四十一年着工・四十二年完成

この間、明治四十（一九〇七）年に、米国ライマ社製の蒸気機関車一両が現・外ヶ浜町蟹田に陸揚げされ、建設資材の運搬に使用された。

三年半の歳月と六十二万円（現在の貨幣価値で約二十三億円）の費用を要し、明治四十二（一九〇九）年工事が完了、開通式が行われた。同時に、米国ボールドウィン社製機関車三両を導入し、翌四十三（一九一〇）年五月から津軽森林鉄道の本格運用が開始されたのである。その後、この幹線を中心に多数の支線も建設され、津軽半島一帯に一大森林鉄道網が形成されていったのだ。

運行は四月下旬から十一月で、冬期間は積雪のため運休した。とはいえ、当時、津軽半島の道路や鉄道は全く整備されていない状態である。森林鉄道は、それまで苦労して運んでいた木材を大量に輸送するだけでなく、沿線住民の貴重な足としての役割も担ったのである。津軽半島に鉄道という世界最先端の科学・土木技術が導入されたのは、明治維新から、わずか四十年後の出来事である。

令和三（二〇二一）年に放送されたＮＨＫ大河ドラマは、日本近代化の父と謳われた渋沢栄一をモデルとした、吉沢亮主演の『青天を衝け』だ。近代化の波は確実に本州の果て、津軽にも押し寄せていた。当時の人々の驚きと歓喜の姿を思うとき、それはまさに〝青天を衝く〟思いだったに違いない。

津軽森林鉄道の木材輸送量は、大正三（一九一四）年に年間七万八百五十一立方メートルと最高を記録し、大正五（一九一六）年には機関車五両、貨車三百八両を数えた。その後、昭和五（一九三〇）年の「昭和恐慌」を経て、輸送量は昭和十三（一九三八）年に第二のピークを迎えるが、戦況の悪化により減少に転じている。

戦後、経済復興期の木材需要の増大にともない、昭和二十六（一九五一）年には蒸気機関車十両、ガソリン機関車二十四両、貨車千五十二両と、過去最大数を記録した。しかし、昭和三十（一九五五）年頃からは、全国的にトラックによる木材輸送が急速に発達し、森林鉄道の木材輸送は極端に落ち込むようになっていった。自動車道路の整備が進むにつれ、森林鉄道は急激に衰退していくことになる。このような時代の流れの中で昭和四十二（一九六七）年十一月、津軽森林鉄道の幹線は五十八年に及ぶ歴史に幕を閉じたのだ。その後も一部の支線の運行は続けられていたが、昭和四十五（一九七〇）年には全ての支線も廃止されたのである。

現在、私鉄津軽鉄道の津軽中里駅に開設された中泊資料館に「内燃機関車」、青森市森林博物館には客車「あすなろ号」のほか、金木歴史民俗資料館には当時の津軽森林鉄道で活躍した車両が保存、展示され、往事の雄姿を今に伝えている。

二　森林鉄道がもたらしたもの

明治維新後の混迷期、津軽半島の山奥に日本初となる森林鉄道が導入されたことは日本国中を驚かせた。それは津軽の人々にとっても同様で、そのことが地域社会にもたらした経済的、心理的影響は計り知れないほど大きなものだった。

津軽森林鉄道は、明治三十九（一九〇六）年から同四十二（一九〇九）年にかけて、その建設工事が行われたが、そのうち蟹田（現・外ヶ浜町）から今泉（現・中泊町）間の「相《あい》の股隧道《またすいどう》」と「六郎隧道」の工事は、凶作にあえぐ人々を救うための窮民救済事業として実施された。つまり、森林鉄道の建設・保全工事は、地域社会の復興支援としての側面も併せ持っていたのだ。

歴史上、凶作による飢饉は数多く確認されているが、津軽地方を襲った飢饉は、前述のとおり平均すると六年に一度の頻度であり、明治以降に限っても十二回の飢饉に襲われている。そのたびに、津軽地方の農村や山村の人々は飲まず食わずの生活を強いられたといわれる。

凶作は、東北地方特有の山背《やませ》と呼ばれる偏東風《へんとうふう》に起因する。山背《やませ》は春から夏にかけて吹く湿った東風で、寒流の上空を吹き渡ってくるため冷たく、小雨や霧雨を伴うことが多い。このため日照不足と低温による水稲の不良、冷害を招くのだ。積雪寒冷地である東北地方では南方のような二毛作はできない。ましてや自然現象の山背は防ぎようもなく、東北地方、特に津軽の農民は、数世紀に渡って冷害に苦しめられてきた。そのような地域で始まったのが津軽森林鉄道の建設事業である。それはまさに窮民救済事業だったのだ。

津軽森林鉄道が開通すると木材の伐採量・輸送量は急増し、民間による製材・製炭・土木などの関連産業も盛んになった。農閑期《のうかんき》には多くの農民が営林署に雇用され、男性は運材や保線作業を、女性は滑り止め用の砂撒き作業などに従事した。子どもたちも軌道の除草作業を手伝うなどして、得たお金は修学旅行の費用などに充てられたという。

津軽森林鉄道は主に国有林の輸送が主体であったが、民間の木材なども輸送していた。また、時には急病人の搬送にも利用されたほか、戦後になると喜良市《きらいち》の開拓集落の物資輸送や旅客列車、花見列車なども運行された。

このように、津軽森林鉄道の開通は、物流や沿線の開発といったハード面の実益ばかりでなく、住民サービスをもたらしたのだ。さらに、大勢の鉄道見物客を目当てに、そば屋や菓子屋などの屋台が登場したり記念ハガキも販売されたりするなど、初めて目にする文明開化の象徴、鉄道は沿線に大きな活況をもたらした。津軽森林鉄道は近代化を推し進め、それを間近にした住民は誇りさえ抱いたという。このように、鉄道が地域住民に与えた高揚感は計り知れないものがあったのだ。

日本初、そして日本最長を誇った津軽森林鉄道も、昭和四十二（一九六七）年十一月にその使命を終えた。森林鉄道の廃止から半世紀余りの年月を経た現在、その軌道跡は、中泊町小泊と外ヶ浜町龍飛を結ぶ「竜泊《たつどまり》ライン」や、津軽山地を超えて外ヶ浜町蟹田と中泊町今泉を結ぶ「やまなみライン」などの幹線道路として、また、林道や農道としても活用されている。その遺産は今もなお、この地域社会を支えているのである。

三　森をつくる

森林鉄道の導入は林業に近代化をもたらした。鉄道が導入された当時、ヒバの伐採は旧態依然で、切斧《きりよき》という木を切り倒す斧や、切り口に打ち込む矢などの道具を使って行われていた。鋸《のこ》が使われるようになるのは大正末期から昭和初期になってからだ。こうした人力による伐採、造伐作業を劇的に変えたのがチェーンソーの誕生である。チェーンソーが本格的に導入されたのは昭和二十年以降で、その導入によって生産性は飛躍的に向上した。

伐採現場から山中の工場まで運ぶ集伐も、人力やソリ、木馬《きうま》などを使用していた。これも昭和二十年代、集伐機やトラクターの導入により近代化されていく。集伐機は、森林内に張り巡らせた架線に木材を吊るし、ロープウェイのように運ぶ機械だ。山中は、さながら森林工場のようで、子どもたちには遊園地に見えたかもしれない。このように機械の導入などで林業が近代化されたことによって、労働は集約化し軽減されていったのだ。

栄華を誇った伐採事業の後を引き継いだのは森林を復元する造林事業だ。この造林事業もまた、地域社会に大きな恩恵をもたらした。半世紀以上にわたる津軽半島のヒバの伐採は膨大な面積に及んだ。国が官林（国有林）を伐採して木材の生産・販売を行う、いわゆる「官行斫伐《かんこうしゃくばつ》」で実施された国家的大事業も、伐採し尽くしたことによって事業は終了した。そこに残されたのは一面坊主山となった伐採跡地だ。ここに植林をして、森林を復元していこうというのが造林事業だ。復元といっても植林するのはヒバではない。ヒバの成長は遅く、成木として利用するには数百年を要する。そのため、植林されたのは成長が早いスギやカラマツ、アカマツ、クロマツなどの針葉樹であった。

津軽半島におけるヒバの天然林の面積は、明治三十八（一九〇五）年の森林鉄道計画時点で三万七千五百九十九ヘクタールである。青森県が平成二十七（二〇一五）年度から同二十八（二〇一六）

年度に行った調査では、ヒバの天然林の面積は百七十九ヘクタールだった。調査範囲は完全に一致するものではないが、両者の差を伐採面積とすれば、実に三万七千四百二十ヘクタールものヒバの天然林が伐採されたことになる。同様の計算で、旧・中里営林署管内の伐採地面積は三千百八十六ヘクタール。そこに植林をして森林を復元するのが目的なのだが、植林する場所として残されたのは大部分が山の奥地であった。半世紀以上続いた伐採の跡地に、今度は造林をするという大事業が始まった。

造林とは、文字どおり林を造ることだ。その作業内容は、地拵《じごしら》え、下刈り、除伐、間伐などから成る。植林する前と後では、作業の内容も手順も変わる。植林前にまず行うのが地拵えだ。

地拵えとは、ヒバの残材や枝を片付け、植林できる状態にすることなのだが、既に伐採後、数十年が経過した場所が多く、そこを大ガマや、後に導入された自動刈り払い機で整地していく作業だ。膨大な量の残材や刈り払った根曲り竹は、斜面に五メートルから十メートル間隔で畑のウネのように帯状に寄せ集めていく。

地拵えが終われば、次はそこに苗木を植林する。その間隔は一メートルか一・五メートルと密度が濃い。これは野ウサギなどの食害や、枯れることを計算してのことである。数年後、成長が悪い樹木は除伐や間伐をして、成長の良い樹木だけを残すのだ。

このように、伐採後の跡地に計画的に行われる造林事業は、今も継続して行われている。機構改革によって中里営林署は金木営林署に統合され、営林署が直接行う直営林に加え、民間による造林事業も行われている。団塊の世代に象徴される急激な人口増加や高度経済成長に支えられ、住宅建築は活況を呈していった。これに伴い国内の木材需要も増えていったが、国内産の木材は、一時、ラワン材などの低価格な外国産に太刀打ちできなかった。しかし、急激な森林伐採による環境破壊で外国産が問題視されるようになると、国内産が見直されたのだ。さらに、技術改良により製品の耐久年数が向上するなど、現在は国内産の需要が再び増え始めている。新たに植林された津軽半島の樹木も半世紀が過ぎ、その出番を迎えているのだ。

四　森の仕事

ヒバの伐採事業から森林復元事業へのシフトにより、造林事業は新たな雇用を生み、地域に大きな恩恵をもたらした。実は私もその恩恵を受けた一人だ。

私は中学校を卒業してすぐに、営林署の造林手・調査手として働いた。造林手の作業内容は前述したが、調査手とは国有林と民有地の境界の測量や、伐採区域の立木の太さや数量などを調査する職員の助手だ。私が営林署の作業員として働くことを決めたのは十分過ぎるほどの条件が揃っていたからであった。

我が家の隣には営林署の担当区事務所があり、近くには森林鉄道の停車場があった。子どもの頃には停車場にあった木材を載せる台車やトロッコに乗ったり、鉄道のレールに耳を当て、近づく機関車の音を聴いたりして遊んでいた。時には、担当区事務所の塀の上を走り回り、そのたび見つかっては叱られるのだが、子どもにとってはそんな危険な遊びが好きなのだ。

造林手はもちろん山中が仕事場なのだが、集合場所は我が家の隣の担当区事務所だった。なかには直接現場に向かう人もいたが、多くの人は一度事務所に集まる。造林手は総勢十五名ほどで、年輩者二名のほかは若者が多かった。若者は集合時間より少し早く集まり、仕事が始まる八時までキャッチボールをするのが日課だった。私は毎朝のようにその若者たちの歓声を聞いて育った。中学生になると、そこに参加して球拾いをするのが私の日課になっていった。「お前も中学校を出たら造林手になれ、待っているからな！」、いつも、そう声をかけられていた。

私は小さな雑貨店を営む貧しい母子家庭に生まれ育った。母は喘息の持病があったので、中学校を卒業しても病弱な母親を一人残して下宿しなければならない高校進学は、とても望める環境ではなかったのだ。

私の通っていた内潟《うちがた》中学校は、今泉、薄市、高根、尾別の旧・内潟村管内の四集落の生徒たちが通っていた。私の学年は八十名二学級で、そのうち高校進学者は十名にも満たなかった。今泉に限れば二十八名のうち、たったの二名だ。なかには裕福な家の子も数人はいたが、当時は多くの家が貧しかった。進学組がAだとすれば、〝金の卵〟といわれた集団就職組はBで、それ以外は落ちこぼれ組のCだ。私は進学でも金の卵にもなれない落ちこぼれ組のCだった。

中学校卒業後、私は迷うことなく営林署で働くことを決めた。主な仕事は調査手で、造林手と比べて仕事の内容は楽だった。それは、親しく近所づきあいをしていた担当区事務所の主任さんによる配慮であったのだ。

五　津軽の山に抱かれた日々

私が就いた営林署作業員は準公務員の身分で、日曜・祝日に加え雨天も休みとなり、月間の就業日数は二十日ほどだった。作業員は比較的若者が多かったこともあり、職場では旅行や花見、観楓会、野球にソフトボール大会など親睦を深めるレクリエーションも盛んに行われた。

また、職場以外では、青年団や青年学級の活動にも積極的に参加した。青年団では、青年団連合会が主催する地域対抗の運動会が毎年大いに盛り上がった。私が十七歳の時、欠場した選手に代わって急遽マラソンのピンチランナーとして出場、三位に入賞したことは自分も周りも驚きだった。そのほかにも、田植え後の虫送りの祭り、盆踊り、神社のお祭りの手伝いなど青年団を通じて地域と深く関わった。

夜間は青年学級に参加した。小学校で先生を務めていた社会教育に熱心な方の指導の下、サークル活動や他町村の若者との交流会などが活発に行われた。十七歳の時、平内《ひらない》町で開催された青森県青年大会・弁論の部で、三位に入賞したことも忘れられない思い出だ。青年団や青年学級での私は、少々わがままで破天荒なところもあったかもしれないが、仲間たちはいつも笑って迎えいれてくれた。私の青年時代の懐かしい思い出だ。

山の中の仕事場へは、通常、調査手は事務所職員のオートバイの後ろに乗って通うが、植林作業のときはトロッコに苗木を載せて運ばなければならなかった。トロッコは板張りで、二・五《メートル》×四《メートル》ほどの大きさだった。十五人ほどの作業員と苗木を載せたトロッコを十五分ずつ交代で現場まで押していくのだ。行きは登りで大変だが、帰りの下り坂は、さながら遊園地のジェットコースターである。手頃な丸太棒《まるたぼう》を車輪の間に挟み、ブレーキをかけながら一気に下っていく。スピードが出るため会話をする余裕はないが、行きの登り道は、先輩方から色々な話を聞く貴重な時間となる。そんな時の会話が若者には勉強になるのだ。

私が営林署の作業員として働いたのは、わずか三年半の期間である。しかし、この三年半は、己の人格形成に大きな影響を与えた貴重な時間であった。津軽の青い森の自然に抱かれ、そこで暮らす人たちの心にふれた。現在《こんにち》の私があるのは、その故郷《ふるさと》があったからこそだと心底思っている。

津軽の山野を駆けまわり、山並み続く中山山脈の頂上から、遥《はる》かに望む津軽海峡を行き交う青函連絡船に向かって「ヤッホー」と叫んだのも懐かしい思い出だ。そして、その三年半が、まさに私の青春そのものだった。旅（執筆）の途中で、つい故郷での思い出を語ったが、津軽森林鉄道の導入と、国が国有林を伐採して木材の生産・販売を行う「官行斫伐《かんこうしゃくばつ》」によるヒバの伐採は、間違いなく地域社会に多大な恩恵をもたらした。そして、まぎれもなく私もその恩恵を受けたのである。

六　炭焼き職人と伝説

今泉から県道十二号、通称「やまなみライン」を蟹田へ向かって五キロメートル《キロメートル》ほど走ると「三太桜《さんたざくら》」という桜の大木が目を引く。その場所こそ、かつて「官行斫伐《かんこうしゃくばつ》」で木材の伐採を行った営林署の事業所があったところで、その向かい側には今泉小学校母沢《もさわ》分校があった。この周辺の山林一帯こそが、私が営林署の作業員として働いていた現場だ。いま、その地では、私が若い頃お世話になった中学校の先輩が炭焼きを営んでいる。炭焼窯《すみやきがま》は、もともと三基あったが、今は一基が壊れて二基が稼働しているという。

　炭焼窯は、地形や土質、風向きまでも計算し、最適の場所に窯を造ることが重要だという。窯づくりには焼いた赤土を用いる。これを水で練って盛り、たたいて固める。その上にさらに焼き土を重ね、たたいて固める。これを何度も繰り返して積み上がると天井の仕上げにかかる。窯が完成すると、次は窯を覆《おお》う小屋を建てる。そして窯の中で火を焚き、約二週間をかけて中から乾燥させるのだ。

　こうして窯が完成すると、その中に約一メートルの長さに切り揃えた、ナラ、ブナ、イタヤなどの炭材を奥から順番に立てて並べたら、いよいよ点火だ。窯口は軟石で塞ぎ、燃え具合は点火口の側《そば》の空気調整抗から確認する。製品となる木炭の良し悪しは原木の焼け具合で決まるといわれていて、煙の色によって温度管理を行う。つねに気を配りながら炭化の状況を確認するのだ。

　燃焼後は燻《いぶし》を続けることで窯の温度は徐々に上がり、十日ほどで炭焼きは完了する。その時の温度は千二百度であれば合格だとされる。これが終わると入り口を壊し、木炭を取り出すのだが、それには三日間を要するという。一メートルに切った原木は約九十センチメートルに縮《ちぢ》み、木炭になっている。これを三十センチメートルに三等分して一箱十五キログラムずつ段ボール箱に入れれば出荷である。

　一窯で一回につくられる木炭は、約五十箱（約七百五十キログラム）だ。一箱の小売価格は二千五百円ほどなので、一窯で約十二万五千円の計算となる。一基の窯が稼働している時は次の窯の準備ができるので、やる気になれば二十四時間の稼働も不可能ではない。一カ月に三回、順序よく窯を交代して稼働させれば、一回十二万五千円×三回で三十七万五千円の売上だ。材料となる木は地元の森林組合が入札で立木のまま落札し、組合員の要望に沿って小分けする。最盛期、今泉には百五十人以上の炭焼き職人がいて、名人と呼ばれる職人も多数いた。職人一人につき窯を一基張る権利があって、その頃の今泉の山間《やまあい》は、炭焼きの煙がいくつも立ち昇る、のどかな景色が広がっていた。それも、今では二基しか稼働していない。地元では炭焼きの伝統が消えぬよう、森林組合が炭焼体験学習などを開催し、普及啓発や人材育成に取り組んでいる。

ここまで、まるで自分が炭焼き職人の如くスラスラと能書きを並べ立ててきたが、なんのことはない、炭焼体験学習の資料を送ってくれた従兄弟の小山内清春さんと、私の中学校の同級生だった青山光昭さんから聞いた話である。青山さんとは十数年振りの電話での会話であった。炭焼き以外の話も盛り沢山だったが、これも蒙古《もんこ》探しの旅（執筆）で得た喜びのひとつである。

ところで、津軽では炭焼きに関わるとても興味深い伝説が語り継がれている。

日本海の玄関口となる十三湊《とさみなと》の覇権を巡り、寛喜《かんぎ》元（一二二九）年、十三湖《じゅうさんこ》に拠点を置く藤原秀直《ふじわらひでなお》と、藤崎を拠点とする安藤貞季《あんどうさだすえ》が激突する萩野台の合戦が勃発した。この戦いに勝利した安藤貞季は十三湊を手中に収め、その後、日本海のみならず中国大陸にも交易を広げて栄華を極めた。

一方、敗れた藤原秀直とその一族は北海道渡島へ流罪となるが、秀直の子、藤原頼秀《ふじわらよりひで》は現在の青森市鶴ヶ坂に逃れ、炭焼き職人として身を潜め暮らしていたという。これが「炭焼藤太《すみやきとうた》伝説」の始まりである。

同じ頃、京の右大臣の娘である福姫が乱世を避けて密かに津軽に逃れてきた。炭焼き職人だった藤太は放浪する福姫を哀れみ、なにかと世話をしたという。ある時、炭焼き職人の貧しさを見かねた福姫は一枚の黄金を藤太に渡した。ところが、藤太は「そんなものならいくらでもある」と言って、近くの沢を掘って黄金を積み上げたのである。こうして、黄金の価値を知った藤太は、たちまち長者となり福姫と夫婦となって幸せに暮らしたという。藤太は、のちに藤原頼秀と名乗り、その七代後の子孫が弘前藩は津軽氏の祖となった大浦光信《おおうらみつのぶ》であるというものだ。

炭焼き藤太が暮らしていたという青森市鶴ヶ坂地区の鷹森山《たかもりやま》、そこへと続く戸建沢《とだてざわ》神社の御祭神《ごさいじん》には藤原頼秀の名がある。また、この戸建沢の地は、別名を「金沢」とも呼ばれ、その名の通り砂金がとれたという。一方で、当時の炭焼きの実態は、金銀の精錬であったともいわれている。さらに、古代、鉄器は黄金にも匹敵する貴重品であり、その製造に欠かせない炭焼きは、黄金を生み出す仕事であったともいわれているのだ。

この、炭焼き藤太の長者伝説には、奥州平泉の流れをくむ藤原氏、幻の国際港湾都市といわれる十三湊を拠点に隆盛を極めた安藤氏、そして、安藤氏に代わって津軽を支配した南部氏、さらには、その一族で後に弘前藩を立藩する大浦氏・津軽氏へと続く、歴史のロマンを感じずにはいられない。

七　林業の里は工業の里

私の生まれ故郷、中泊町今泉は林業の里であるが、実は工業の里でもあったという。それは今回の旅（執筆）で初めて知ることとなった。

津軽半島では、ヒバのほか、ブナなどの広葉樹も群生していることでも知られていて、そこに暮らす人々の多くが林業を生業としていた。ブナ、ケヤキ、イタヤ、キリなどは、家具や高級建材に利用されるなど重用された。このため、ヒバの伐採時には、これらの樹木も切り出されてきた。出荷されるのは、直径十六チセン以上の変形していない樹木で、その他のいわゆる雑木は、薪や木炭などの材料として出荷されてきた。今泉のような山沿いや山間《やまあい》に暮らす人々にとって林業は生活を支える唯一の産業であり、地元では古くから、それが天職として受け継がれてきたのだ。私が中学校を卒業して営林署の作業員として働いたのも、そんな理由からだった。

木炭の歴史は古く、考古学研究によれば日本では新石器時代から木炭が用いられていたと推測されている。奈良時代には木炭の製法が改良され、火持ちが良い、高温で焼かれた白炭が重用されるようになった。さらに、室町時代から江戸時代にかけては、軟質で火付きの良い黒炭が生み出された。江戸時代になると木炭の需要はさらに拡大し、その生産地は東北から九州まで拡がっていったのである。

日本の木炭生産量は、昭和二十五（一九五〇）年に年間約二百万トンを記録していたが、その後は昭和四十五（一九七〇）年には約二十八万トン、昭和五十五（一九八〇）年には約七万トンと急減している。それは、国際的なエネルギー革命により、石炭から石油へとエネルギー源が転換したことによるものだ。

中泊町今泉は、木こりや炭焼き職人など、「山子《やまご》」と呼ばれる人々が多く暮らす、林業の盛んな地域である。昭和四十年代でも、木炭組合には百五十人以上が加入する炭焼の里でもあった。木炭は、砂鉄を原料とする「たたら製鉄」の燃料として欠かすことのできないものだった。今泉では、古くから地元の木炭を燃料とした、この製鉄法が行われていた。

古代の製鉄については詳しく分かっていないことも多いが、吉備《きび》地方（現在の岡山県及び広島県東部）では、六世紀の中期には、「たたら製鉄」が既に行われていたことは確かだといわれており、その製鉄法は、吉備地方から日本各地へ伝播したと考えられている。

弘前藩十五代藩主・津軽承昭《つぐあきら》の事績《じせき》を著した『津軽承昭公伝』によれば、安政《あんせい》六（一八五九）年、長崎で製鉄を学んだ鉄工職人の明珍重吉《みょうちんじゅうきち》と、弘前の商人の今村万次郎《いまむらまんじろう》が、現在の中泊町今泉において、七里長浜産の砂鉄を原料とした製鉄を始め、万延《まんえん》二（一八六一）年には、それが藩によって運営されたとされている。しかし、明治以降、鉄鉱石を原料とする高炉製鉄が普及し始めると、生産性の低い「たたら製鉄」は徐々に廃業に追い込まれていった。

このように、林業の里、今泉は約半世紀という短い期間だったにせよ、藩内唯一の製鉄を担う工業の里という一面も持ち合わせていたのだ。

第四章　津軽人気質と伝統文化

一 津軽人気質

青森県の人に県民の気質を聞くと、たいていは次のような答えが返ってくると思う。「青森県民気質などというものはありません。津軽人気質、南部人気質というものはあるけれど…」。一つの県の中で、これほどはっきりと気質が分かれる例はあまりないのではないか。

一般的に津軽人は「出しゃばりでお喋り」、南部人は「引っ込み思案で無口」だといわれる。

津軽地方と南部地方は地理的に八甲田山で隔絶されていて、交流はほとんどなかったと考えられている。また、二つの地域は気候の面でも対照的である。冬場、津軽地方が吹雪や大雪に見舞われている間、南部地方は降雪が少なく晴れの日が多い。夏場は気候が逆転し、津軽地方が晴天だとしても、南部地方は「山背」と呼ばれる冷たい北東風によって霧に覆われる。

さらに、拙著『蒙古《もんこ》の子守唄』にも記述しているとおり、その歴史からみても津軽地方と南部地方には大きな隔たりがあるのだ。もともと南部氏の家臣であり、津軽地方の統治を任せられていた大浦為信《おおうらためのぶ》は、主家を裏切って津軽地方を手中に収め、十六世紀に津軽氏を名乗って弘前藩を置いた。以来、南部人は津軽人を不倶戴天《ふぐたいてん》の敵と憎むようになり、その敵国同士が明治維新の廃藩置県で一つの県に統合された経緯がある。このような歴史から、両地域は言葉や生活ばかりか、性格まで異なっているのも無理のないことと考えられているのだ。

一方、津軽地方と南部地方のどちらにも共通している気質として「温和だが負けず嫌い」というものがある。その気質を端的に表している言葉が「じょっぱり」という方言にほかならない。「頑固者」や「負けず嫌い」を意味し、その語源は「強情っぱり」とされている。

青森県民は基本的におとなしいが芯の強さを持っている。津軽人は特にその傾向が強い。良く捉えれば、地味だがコツコツと真面目に仕事をこなし、行動力があって愚痴ることもないといえる。その一方で、他人の意見を聞かず融通が利かない頑固者ともいえるかもしれない。津軽人を「じょっぱり＝頑固者」に仕立てあげたのは、その気候と風土であろう。津軽地方は本州最果ての地であり、冬は雪に閉じ込められてしまう。さらに、稲作には適さない寒冷な気候で、空腹という試練にも耐えなければならない。我慢に我慢を重ね耐えてきた人々だからこそ粘り強く頑固な性格が形成されていったのではないだろうか。

ところで、本項を執筆中の令和五（二〇二三）年十月、札幌青森県人会の百十周年記念式典と祝賀会が開催され、県人会の名誉顧問である札幌市長の秋元克広氏とプロスキーヤーで冒険家の三浦雄一郎氏が祝辞を述べられた。その中で、三浦氏は「我《わ》も津軽のもつけだ」と話されたのである。

「もつけ」…何十年振りに聞いたであろう懐かしい津軽弁だ。あまりに久しく、言葉を理解するのに少し時間がかかったのだが、それが意味するところは「お調子者」「おだてに乗って舞い上がる」と解されるのと、一方では「熱中する」「夢中になる」ということである。私は後者を採る。

三浦氏が自ら語った「津軽のもつけ」。要するに、ひとつのことに夢中になる。脇目も振らずに熱中する。「津軽のじょっぱり」と「津軽のもつけ」。この二つを合わせて、まさにこれこそが津軽人気質というものではないだろうか。

このように、津軽人は日ごろ耐える時間が長い分、短い夏にはそのエネルギーを一気に爆発させる。それが「ねぶた祭」だ。また、激しいバチ操作で奏でる「津軽三味線」や、躍動感あふれる「手踊《ておど》り」などを駆使した「津軽民謡」など、津軽特有の伝統文化が育まれた土壌は津軽の風土であり、津軽人の気質といえるのである。

二　小説『津軽』の違和感

太宰治の著書『津軽』を読んで、その序章に書かれていたこととはまるで違う内容に強い違和感を抱いたことは今でも鮮明に覚えている。それは**「昭和の津軽風土記《ふどき》として、まずまあ、及第**

ではなかろうかと私は思っているのだが」と、自ら語っているのに、津軽の風土らしきものは作品の中に見つからなかったからだ。

『津軽』を読んだのは、拙著『蒙古の子守唄』の執筆にあたって、それを参考にするためであった。いうなれば必要に迫られてのことで、津軽人の太宰が津軽をどう見て、どのように思っていたのかを知るためであった。ところが、『津軽』のタイトルにしては、読んでみて物足りなさを感じたのである。その第一は、津軽の代名詞ともいえる「ねぶた」を一切取り上げていないことであった。

津軽伝統文化の代表格として「ねぶた祭」を挙げる津軽人が圧倒的多数であろう。「ねぶた」と「ねぷた」、呼び方に違いがあるように、青森の「ねぶた」は〝動〟で、弘前の「ねぷた」は〝静〟だともいわれる。

いずれにしても、津軽人と「ねぶ(ぷ)た」は切っても切れない密接な関係にある。祭りの期間中、それまでに充満《たま》った一年分のエネルギーを、ここぞとばかりに爆発させるがごとく踊り、ハネまくる。あるいは弘前では練り歩くのだ。津軽特有の夏の終わりのこの盛り上がりは「一生に一度は見てみたい」とも言わしめるものである。

旧制青森中学校に進学した太宰は卒業するまでの四年間、青森市内で呉服店を営む豊田という親戚の家に下宿していた。跳人《はねと》に加わらなかったとしても、当然「ねぶた祭」は見てはいるはずである。にもかかわらず『津軽』では一言も言及していない。そのことに強い違和感を抱いたのだ。津軽の風土を存分に書いていない『津軽』は「風土記」を冠するに値しない。これは風土記に名を借りた〝遺書〟であると私は断定した。それは、拙著『蒙古の子守唄』にその理由を詳述したとおり、津軽の象徴である「ねぶた祭」にふれていないばかりか作品全体が暗く、先が開けない内容だったからである。

これまでも、さまざまな視点から、その地域の風土などに焦点を当てながら論じ、描写した作品は数多い。ところが、風土記として描いたはずの『津軽』を読む限り、その言わば当たり前と思われる記述はいっさい見当たらない。

しかし、これが太宰の〝追憶の旅〟、あるいは風土記に名を借りた〝遺書〟、そう思って読めば全てに合点がゆき、腑に落ちるのだ。

そこで、作家としての太宰を決して否定するわけではないが、本書においては私なりの風土記として、津軽とは切っても切れない「ねぶた祭」をはじめ、「津軽民謡」、「津軽三味線」、「津軽手踊り」、「金多豆蔵《きんたまめじょ》」の伝統芸能を紹介することにしたのである。

日本には地域に根付いたさまざまな祭りがあり、その数は約三十万件にも上るといわれている。東北地方では、「青森ねぶた祭」、「秋田竿燈まつり」、「仙台七夕まつり」を「東北三大祭り」と称しているが、これら三つの祭りの起源は、いずれも日本の農耕文化に根ざした固有の「七夕の行事」だったとの説がある。

「青森ねぶた祭」に代表される〝ねぶた〟、または〝ねぷた〟と呼ばれる祭りは青森県内各所で行われているが、これらは地域によって内容や名称が少しずつ異なっている。ここでは、県内で〝三大ねぶた祭り〟と呼ばれている「青森ねぶた祭」、「弘前ねぷたまつり」、そして「五所川原立佞武多《ごしょがわらたちねぷた》」の由来や歴史、特徴などを整理してみた。

(一)「ねぶた」の由来と歴史

ねぶたは、七夕祭りにおける灯籠流しの変形であろうといわれるが、その起源は定かではない。奈良時代に中国から伝わった「七夕祭」と、古くから津軽にあった習俗と精霊送り、人形送り、虫送りなどの行事が一体化し、その後、紙や竹、ロウソクが普及すると「灯籠」となり、それが変形して「人形ねぶた」、「扇《おうぎ》ねぶた」になったと考えられている。

登場する練り物の中心が「ねぶた」と呼ばれる「灯籠」であり、七夕祭は旧暦の七月七日の夜に穢《けが》れを川や海に流す禊《みそぎ》の行事として、灯籠を流して無病息災を祈った。これが「ねぶた流し」と呼ばれ、後述する現在の「青森ねぶた」の海上運行に継がれているのである。

そのほか、平安時代初期、征夷大将軍・坂上田村麻呂が蝦夷征伐の折、敵をおびき出すために大きな人形を作ったのが始まりとの伝説もある。また、文禄《ぶんろく》二（一五九三）年七月、藩祖・津軽為信《つがるためのぶ》が、京都の盂蘭盆会《うらぼんえ》での趣向として大灯籠を作らせたのが由来との説もあるが、これらは信憑性《しんぴょうせい》が薄いとされている。

「ねぶた」が記録として歴史に初めて登場したのは享保《きょうほう》七（一七二二）年、弘前藩庁『御国日記』にその記述があり、五代藩主・津軽信寿《のぶひさ》が弘前で「ねぷた」、当時の呼び名は「祢《ね》むた流《ながし》」を見たことが記されている。

（二）「ねぶた」と「ねぷた」の違い

現在、青森では「ねぶた祭」、弘前では「ねぷたまつり」という表記を使っているが、これは何がどう違うというよりも表記の問題と考えられる。江戸時代には「ねぶた」、「ねむた」、「ねふた」などの表記が見られ、江戸末期からは「佞武多」という当て字も多用されていた。

表記上で、当初は「ねぶた」が優位であったものが、徐々に「ねぷた」が併用されるようになった。新聞を見ると、青森の『東奥日報《とうおうにっぽう》』が「ねぶた」、弘前の『陸奥新報《むつしんぽう》』が「ねぷた」に定着していった昭和二十年代後半が使い分けの始まりで、昭和五十五（一九八〇）年に、国が「青森のねぶた」と「弘前のねぷた」を重要無形民俗文化財に指定してから、ことさらに区別を強調するようになったようである。

発音の上では、青森市の人でも年配の方は「ねぶた」を「ネンプタ」、「眠い」は「ネンプテェ」と言っているように聞こえることからも、あくまで表記上の違いにすぎないものと思われる。

一方、祭りの運営形態からみると、一般的には、青森の「ねぶた」は企業参加型で、弘前の「ねぷた」は市民参加型ともいわれている。

(三) 青森ねぶた祭

毎年、八月二日から七日まで開催（一日は前夜祭）される「青森ねぶた祭」には、百万人を超える観光客が訪れるとされる。その最大の魅力は、見るものを圧倒する巨大な「ねぶた」だ。「ねぶた」は祭りの名称を指すこともあるが、本来は山車灯籠のことを「ねぶた」と呼ぶ。青森の「ねぶた」は幻想的な彩りと迫力ある立体的な人形型の造形が特徴で、最大で幅九㍍、高さ五㍍、奥行き七㍍もある。明かりが灯った二十を超える「ねぶた」が連なって進んでいく様子は壮観である。

祭りの最終日は夜ではなく昼間運行となり、夜にはその年の賞をとった「ねぶた」だけが船に載せられて青森港内を巡る海上運行が行われる。そして、祭りの最後を飾るのが「青森花火大会」

青森ねぶた祭（提供：青森県観光情報サイト）

だ。夜空を彩る一万発の花火を背景に、漆黒の海を渡る「ねぶた」の景観は、まさに圧巻のフィナーレである。

もう一つの魅力は「ねぶた」と一緒に街中を踊り歩く「跳人《はねと》」の存在である。「ねぶた」一台に対し、五百人から二千人の跳人が「ラッセラー」という掛け声のもと、お囃子のリズムに合わせて跳ねて踊る。正式な〝跳人衣装〟を身に着けていれば、観光客であっても誰でも跳人になって参加することができる。実は「ラッセラー」の掛け声は戦後からのこと。それ以前は「ラッセ、ラッセ」「ラセ、ラセ」というものであった。下北や津軽各地では、その昔、「出せ、出せ、ロウソク出せ、出さねばかっちゃくぞ」と言いながら各家を回ってロウソクをもらい歩く風習があった。このことから、「ラッセラー」はロウソクをねだった「出せ、出せ」と無関係ではないのではないか。なぜロウソクなのか。それは、祭の灯籠や提灯、山車の照明に使うためにロウソクを集める必要があったからだと考えられる。

(四) 札幌の夜に聞いた「ロウソク出せ」

「ロウソク出せ」と呼ばれる行事は、札幌市豊平区東月寒地区の「たかの町内会」でも行なわれている。私が現在《いま》住んでいる地域だ。いつ始まったかは定かではない。ただ、私が住み始めた時には既に行なわれていた。

東月寒地区に造成された「たかの住宅団地」が完成した昭和四十九（一九七四）年十一月、私はそこに家を建て、妻と母の三人で暮らした。故郷の青森を離れてから十年が経っていた。三十歳の時だ。

それは、翌五十年八月七日の夜だった。

「ロウソク出せ、ロウソク出せ、出さねばかっちゃくぞ、出せ出せ」

突如自宅にやって来たチビッコたちに、母は一瞬の戸惑いを見せたが、すぐに相好をくずし、喜々としてチビッコたちを迎えいれていた。母のその優しいまなざしは今でも忘れることができない。

「ロウソク出せ」は、古くから青森で行われてきた「ねぶた」にまつわる習わしである。還暦近くなってから住み慣れた土地を離れ、札幌に移り住んだ母は、十数年ぶりに耳にしたチビッコたちの「ロウソク出せ」の声に、遠く故郷への想い、あるいは自身が故郷で過ごした幼少期の記憶を蘇らせたのであろう。あの日から半世紀近くの時が流れ、現在《いま》は妻と二人暮らしだが、あの夏の夜に見せた母のまなざしに秘めた望郷の想いを、この年齢になって一層強く感じるのである。

「ロウソク出せ」は、八月七日の「七夕祭り」の夜に行なわれてきた。その日が近づくと、各家庭では「ロウソク」の代わりに小さな袋に入れた「お菓子」を用意する。そして、子どもたちの訪問を今か今かと心待ちにする。子どもたちは、「ロウソク出せ、ロウソク出せ、出さねばかっちゃくぞ、出せ出せ、ロウソク出せ」と言って、五人、六人ゾロゾロと列をなし、各家庭を一軒一軒訪ね歩く。最後尾について回る子どもが持つ大きな袋は、いつの間にかお菓子でいっぱいになっていた。回り終ったら皆でそれを分け合って持ち帰るのだ。

「ロウソク」がなぜ「お菓子」に変ったのか、その理由は正確には分からないが、「ロウソク」は、火遊びや火災の危険性があるため、大人たちの配慮によるものであろう。この「ロウソク出せ」の行事は、残念ながらコロナ禍によって中断されたままである。子どもたちに夏の思い出をつくってあげるためにも、ぜひ復活して欲しいと願っている。

津軽地方や下北地方の習わしが札幌でも行なわれていることに感慨を覚えたが、よく考えるとそれは不思議なことではない。きっと、私のような津軽地方や下北地方出身の先人たちが、この「ロウソク出せ」の習わしを札幌や北海道の各地に伝えたのであろう。

古くから人の移動にともなって、その土地の文化や風習が次の土地へと移入されていった。中世の安藤水軍や江戸時代の北前船による交易、そして明治以降の開拓によって、人やモノとともに文化や風習もダイナミックに移動したのである。それらは新たな土地の風土に磨かれ、少しずつ変化しながら発展し、その土地独自の文化として根付いていくのだ。後述する「津軽民謡」や「津軽三味線」などはその典型ともいえる。

（五）弘前ねぷたまつり

「弘前ねぷたまつり」は、毎年八月一日から七日まで開催され、総観客数は延べ百六十万人ほどといわれている。

青森の「ねぶた」が立体的なのに対して、弘前の「ねぷた」は多くが平面的な扇型である。扇自体は大きいものだと七メートルほどになるものもあり、約八十台の勇壮華麗な「ねぷた」が、小型のものから順に運行され、後半になるにつれて大型の「ねぷた」が運行される。それぞれの「ねぷた」

弘前ねぷたまつり（提供：青森県観光情報サイト）

の後ろには笛や太鼓の囃子方の一団が続き、勇壮な「ねぷた囃子」を響かせながら、「ヤーヤドー」の掛け声とともに城下町弘前を練り歩く。昔の文献には「ねぷたは流れろ　豆の葉はとまれ　いやいやいやよ」という「ねぷた歌」が書かれている。この「いやいやよ」が「ヤーヤドー」の掛け声に変わったと考えられている。

その一方で、そもそもは各団体が個々の町内を練り歩いていたので、それゆえ「ねぷた」が道でかち合うと、道を譲れ譲らぬと喧嘩になる。これが今では見ることがない〝喧嘩ねぷた〟と呼ばれるもので、「ヤァ！　ヤァ！」という怒声がそこら中で響いていたという記述も残っている。これが転じて「ヤーヤドー」になったのではないかという説もある。

「扇ねぷた」の最大の特徴は、表面に「鏡絵」と呼ばれる『三国志』や『水滸伝《すいこでん》』を題材にした武者絵、裏面には「見送り絵」と呼ばれる美人画や水墨画が描かれていることである。鏡絵では〝動〟を、見送り絵では〝静〟を表現しているのだ。

「ねぷた」の制作が始まると、学校から戻った子どもたちはランドセルを玄関先に放り投げ、ねぷた小屋に駆けていき、制作を手伝ったり囃子の練習をしたりするという。これも「弘前ねぷた」ならではの風景である。

このように、古き良き日本の地域コミュニティが「ねぷた」により形成されているのである。

(六) 五所川原立佞武多

明治中期から大正初期、五所川原は津軽の豊かな農林水産資源の中継地として大いに栄えていた。そうした中で繁栄していた豪商や大地主たちは、自分たちの力の象徴として、夏祭りに「ねぷた」を出すようになった。

そこで競い合いが始まり「ねぷた」はどんどん巨大化し、高さ二十㍍を超え、三十㍍にも及ぶものもあったと伝えられている。その雄姿は、近隣の町村からも見えたといわれるほど巨大なものであった。

この頃の「ねぷた」の題材は、中国の『三国志』や日本の歌舞伎など歴史上の人物が多かったようだ。それらの「ねぷた」が街角で出会うと、言い合いから喧嘩にもなり、互いの「ねぷた」を壊したりすることもあった。ここから、五所川原立佞武多の「ヤッテマレ」の掛け声は「やってしまえ！」からきたものだといわれる。

大正末期から昭和にかけて、電気の普及とともに街中に電線が張り巡らされるようになると「ねぷた」は高さを抑えざるを得なくなり次第に小型化していく。そして、戦争や二度の大火により設計図や写真などの資料がほとんど失われ、大型「ねぷた」は次第に人々の記憶から薄れていったのである。

こうして、明治から大正にかけて巨大化した「ねぷた」も、いつしか幻となったが、平成の時代に入り劇的な復活を遂げる。平成五（一九九三）年、五所川原の豪商に仕えていた大工が遺した巨大「ねぷた」の設計図と写真が発見されたのである。

その後、巨大「ねぷた」を復活させようと、市民有志による「たちねぷた復元の会」が結成される。そして、市民の募金、材料の支援、技術力の提供など多くの人々の思いがひとつとなり、ついに平成六（一九九四）年、「立佞武多《たちねぷた》」と命名された高さ十六㍍の巨大「ねぷた」が復活したのだ。岩木川の河川敷に展示された「ねぷた」を見ようと、市内はもちろん近隣の市町村からも多くの人が訪れた。そして一週間後、古習に合わせて火が放たれ、昇天していった。その幻想的風景を、携わった有志たちは感動と達成感に満たされて見守っていたことだろう。

話はそれで終わらない。当初は一回限りの復活の予定であったが、多くの人々の要望もあり、五所川原市は、平成十（一九九八）年の夏祭りで立佞武多の運行を決定。以降「五所川原立佞武多」として、毎年八月四日から八日の日程で開催される青森県を代表する夏祭りのひとつとなったのである。

高さ約二十三㍍、重さ約十九㌧の三台の大型立佞武多と、町内や学校、愛好会などで作られる中型・小型の「ねぷた」を合わせて十五台前後が出陣するこの祭りで、人口五万人ほどの小さな町が、期間中、百万人を越える観客であふれ返るのだ。

五所川原立佞武多
（提供：青森県観光情報サイト）

そして平成十六（二〇〇四）年には、二十㍍を超える立佞武多三台を常設展示する「立佞武多の館」がオープンし、いつでも立佞武多を見ることができるようになった。その巨大さと躍動感とは裏腹な繊細で優雅な造形であり、力強さと美しさが絶妙なバランスで成立する「立佞武多」は、見る者すべてを魅了し続けている。

前述したように、「ねぶた祭」は七夕祭りの灯籠流しが変形したものであるといわれ、司馬も『北のまほろば』の中で**「いわば、鎮魂の行事である」**と評している。我慢や忍耐を重ねた一年間の苦労を明るく陽気に解き放つことによって、亡くなった人や祖先の霊を慰める。津軽特有の「ねぶた祭」こそが、津軽人気質を象徴する津軽の伝統文化なのである。

三　風土が生んだ芸能文化

十三世紀から十五世紀にかけての安藤氏の時代、津軽は岩木川河口の十三湊《とさみなと》が貿易で活況を呈していた。北海道と本州との交易拠点として、さらには中国などと交易を行う国際港湾都市として大いに栄えていた。

このことは、拙著『蒙古《もんこ》の子守唄』に詳述しているが、その後、江戸時代には鰺《あじ》ヶ沢や深浦《ふかうら》などが北前船の寄港地となって栄え、上方などからは物資だけではなく、さまざまな芸能文化も海路で運ばれてきた。それらがこの地の風土に根ざし、津軽特有の芸能文化として発展した。ここでは、その中から特徴的な次のものに焦点を当ててみる。

（一）坊様《ぼさま》と津軽民謡

津軽には「坊様《ぼさま》」と呼ばれた目の不自由な男性《おとこ》芸人たちがいた。彼らは、家々の軒先で芸を見せて米やお金をもらう「門付《かどづ》け」や、巡業でさまざまな唄を歌い継いできた。「じょんがら節」に代表されるように、華やかな三味線にのせて華麗に、時には哀愁を漂わせるその唄は、多くの人々の心を打つのである。

特に、「じょんがら節」「おはら節」「よされ節」は〝津軽の三つ物〟と呼ばれ、これに「あいや節」と「三下《さんさが》り」を加えた津軽の五大民謡は、今でも広く親しまれている。

「坊様」の唄は芸である。それは食べていくための芸でもあるが、聴衆を楽しませるものでもなければならない。そのため、各地の流行唄《はやりうた》を取り入れたものや、市井《しせい》の情話などの長編の唄物語である「口説節《くどきぶし》」が多いというのが特徴だ。

食べていくために芸人として生きる道は決して平坦ではない。「よされ節」の大成功者で、名人とも天才とも謳われた「嘉瀬《かせ》の桃」こと黒川桃太郎も、また例外ではない。その人生も壮絶だった。後に、弘前出身の長部日出雄は、「嘉瀬の桃」をモデルにその生き様を描いた小説『津軽世去れ節』を執筆し、『津軽じょんがら節』とともに昭和四十八（一九七三）年に直木賞を受賞している。

津軽民謡の成り立ちなどについては諸説あるが、その主なものを掘り下げてみたい。

津軽じょんがら節

津軽民謡の代名詞ともいわれ、その元唄は、新潟・十日町市の『新保広大寺節《しんぼこうだいじ》』の字あまり『新保広大寺くずし』といわれている。江戸時代中期に生まれた『新保広大寺節』は、群馬の『八木節』などの元唄にもなっていて、日本民謡のルーツと呼ばれている。

その『新保広大寺くずし』が越後で大流行し、やがて越後瞽女《ごぜ》（目が不自由な女性芸能者）のレパートリーとなる。瞽女は、曲の中に別の曲を挟む、いわゆる「あんこ入り」で唄を長編化するのが得意であった。この歌い方は全国に流行し、それが津軽化したものが「じょんがら節」なのである。

青森県黒石市では、津軽の藩祖・大浦為信《おおうらためのぶ》に滅ぼされた南部家臣で、浅瀬石《あせいし》城主の千徳政氏《せんとくまさうじ》の悲運を歌ったものが「じょんがら節」の初めといわれている。

慶長《けいちょう》二（一五九七）年、大浦為信の軍勢が浅瀬石城に攻め入った。城主の苦境を知った千徳家の菩提寺・神宗寺《じんしゅうじ》の常縁《じょうえん》和尚は、自ら山伏姿となり応戦したが、ついに捕らわれそうになり、本尊を背に浅瀬石川の濁流に身を投じたという。

後に、この川原に常縁和尚は手厚く葬られ、その一帯は「常縁川原《じょうえんがわら》」と呼ばれるようになった。

村人はここに集まり、供養をしながら千徳政氏の悲運を嘆き、即興の唄を歌い、踊った。常縁川原という名は、いつしか「上川原《じょうがわら》」と変わり、さらに「じょんから」と呼ばれるようになった。

そして、現在に伝わる『津軽じょんがら節』こそがこの唄であり、黒石市はその発祥の地といわれているのである。

この唄は、時代の変遷とともにテンポの速い「旧節」、テンポを落としてゆるやかな弾みの「中節」、ややテンポをあげて朗々と歌い上げる「新節」、過渡期の「新旧節」などがある。

津軽おはら節

この唄の元となったのは、「塩釜」と呼ばれる酒盛り唄である。そして、この「塩釜」の元唄は宮城の『塩釜甚句』であり、その祖となるのが熊本や鹿児島、長崎などで歌われていた「ハイヤ節」といわれている。

話はこうだ。九州の「ハイヤ節」は、北前船の船乗りによって日本海を北上し、青森から太平洋沿いに南下して伝えられていった。これを元唄として発展した宮城の『塩釜甚句』が、今度は北上し、青森の八戸付近で『塩釜』となり、これが津軽へと伝わって『津軽塩釜甚句』として歌われるようになる。この唄は、囃子言葉に「オハラ」が入ることから「おはら節」と言われるようになったのである。

同じく、「おはら節」や「小原節」としてよく知られているのは『鹿児島おはら節』のほか、島根の『隠岐おわら米とぎ唄』、富山の『越中おわら節』などである。また、秋田の『秋田おはら節』は、明治から大正にかけて歌われていた津軽の「おはら節」を元唄にしているといわれている。

もともと「塩釜」は七七七五調であった。これを「嘉瀬の桃」こと黒川桃太郎が、上の句と下の句の間に七五調を挿入して、長編化した「口説節《くどきぶし》」タイプのものを編み出し、現在に伝わる曲調が確立した。そして、この曲調が成立した後、成田雲竹《うんちく》が『津軽おはら節』と命名したのである。口説に移るときに「調子代わりの塩釜甚句」とか「またも出したがヨイヤー」と前置きをして歌い出す。それが今日の「おはら節」である。

津軽よされ節

この唄は、西日本の流行歌で、天保年間（一八三〇～四四年）に東北地方に伝わって酒盛り唄や盆踊り唄になったと考えられている。

「よされ」の意味や語源には諸説ある。「貧困や凶作の世は去れ」という意味で、実際に「世去れ節」と表記されることもあることから、この説が有力とされている。

一方、「よしなさい」を意味するという説もある。岩手の『南部よしゃれ節』には「よしゃれおかしゃれ　その手はくわぬ　その手くうよな野暮じゃない」という一節がある。「よしゃれ」とは「よしなさい」が訛ったものである。

最後に「夜さり」説。「夜さり」とは「夜」や「今夜」を意味する古語である。この「さり」は漢字で「去り」となるが、古語の「去る」は現代とは真逆の意味を持つ用例があり、「夜去り」は夜が来る、夜になることを意味していたという。ちなみに、高知の『よさこい節』は「夜に来い」という意味に由来するとも考えられている。

もともとの津軽の「よされ節」は、『黒石よされ節』のように七七七五調の曲であった。それに黒川桃太郎が、上の句と下の句の間に「あんこ入り」として〝お座敷浄瑠璃〟の「新内《しんない》節」を入れたものを編み出した。それが、単純な字余り形式の「口説《くどき》節」タイプとして定着していったのが今日の「よされ節」である。

津軽あいや節

この唄は、九州・熊本の『牛深《うしぶか》ハイヤ節』が源流であるという。「ハイヤ節」もまた船乗りによって各地の港に伝えられ、徳島の『阿波踊り』、新潟県の『佐渡おけさ』、そして『津軽あいや節』のルーツとなったと考えられているのである。

青森では「ハイヤ」が「アイヤ」に転訛した。「ハイヤ節」といえば、「ハイヤエー」と高音で歌い出し、下の四句目の直前に「サーマ」といったリフレインが特徴である。これは「あいや節」でも「アイヤーナー」をたっぷり歌い、後半には「ソレモヨイヤ」といった繰り返し句が残っている。

「ハイヤ節」は酒盛り唄の一種である。その独特な弾んだリズムは、日本海を北上する船乗りたちによって港々に足跡を残していった。ところが、津軽の「あいや節」に限っては、まったく異質といってよい。「あいや節」の元の姿『古調あいや節』は、かなり素朴で哀愁を帯び、切々と歌いあげるものである。

「アイヤ　新潟の　川真ん中で
あやめ咲くとは　ソレモヨイヤ　しおらしや」

といった三拍子系特有の情緒と、何とも物寂しい節回しは、津軽民謡には欠かせない。これに強弱のバチ付けと多彩な奏法による技巧的な三味線をつけたのが、「梅田豊月《ほうげつ》」こと鈴木豊五郎である。そして、唄も技巧的に仕上げ、傘踊りを取り入れた人気の曲になっていったのである。

津軽三下り《さんさがり》

これは、『津軽馬方三下り《うまかたさんさがり》』とよばれた唄の略称である。元唄となったのは、江戸時代末に、長野・

軽井沢の追分宿で飯盛り女たちが歌っていた「馬方唄」といわれている。これに、三の糸を通常の音程より下げる「三下り」の三味線を加えたのが『馬方三下り』である。北国街道と中仙道の追分で歌われたという意味で「追分節」とよばれ、その後、全国に流行する。越後へと伝わった『馬方三下り』は、越後瞽女たちによって北へ運ばれると、岩手では『南部馬方三下り』、青森で『津軽馬方三下り』となる。さらに、北海道へ渡ると『松前三下り』、『江差三下り』となり、やがて『松前追分』、そして民謡の王様『江差追分』になっていったのである。

『津軽馬方三下り』の唄は、津軽の芸人たちによって技巧的に仕立てられ、手踊りも人気をよんだ。曲名も「馬方」の文字を取って現行の『津軽三下り』になった。大変難しい唄で、なかなか歌える人も少ないようである。

津軽山唄

津軽の「五大民謡」と肩を並べるのが『津軽山唄』だ。津軽地方では祝宴などで歌われる唄である。

「イヤー　イディアー　十五七がヤイ　十五になるから　山　山登り　ヤイ」

といったものであり、小節《こぶし》の効いた哀調のこもったこの唄は、津軽民謡の中でもぜひとも紹介したい名曲である。

浅瀬川、岩木川、赤石川《あかいし》などの急流に、奥山から伐《き》り出した木を流すときに、木こりたちが歌った唄と伝わる。十五七は、西津軽郡十三村《じゅうさんむら》下山（現・五所川原市）に実在した「重五七」という少年の名で、その重五七が木こりになって山仕事をした時の苦しみを述懐した唄だという伝説もある。菅江真澄《すがえますみ》著の『鄙廼一曲《ひなのひとふし》』には、『津刈の十五七節』として
「十五七がやい、沢をのぼりに笛を吹く、峰の小松が皆靡《なび》く」

という唄をあげている。

旋律は伝承地によって若干異なり、岩木川流域では「東通りの山唄」、「西通りの山唄」などの差異があるが、いずれも哀愁を内に秘めた情緒的なしらべで、小節《こぶし》を効かせたその節回しの美しさは天下一品との定評がある。

私事ながら、私の実兄にその唄を歌わせたら右に出る者はいなかった。子どもの頃も、札幌市民になってからも、その美声は衰えていなかった。兄はその唄のおかげで、若い頃、青年団時代には相当な人気者だったようだ。私にとっては、今は亡き兄との思い出に残る一曲なのだが、兄の死後、その名曲を耳にすることはなかった。民謡大会に招かれても、『津軽山唄』には出会えなかった。名曲ではあるが、小節《こぶし》を駆使しての歌い方はプロにとってもかなり難しい唄なのかもしれない。プロの定番は、なんといっても『津軽じょんがら節』をはじめとする「五大民謡」なのである。

ところが、前述の札幌青森県人会の百十周年記念祝賀会の席上で、『津軽山唄』を聴くことができたのである。余興として津軽民謡が鳴物付きで出された。皆に聴かせてあげたいという、青森県人会会長、川村惺馬氏の配慮であった。二人の女性歌手が「五大民謡」を次々と歌いあげ、さらには『江差追分』も披露された。観客は、すべて県人会関係者だ。拍手とともに、津軽では「ハナ」と呼ばれる割り箸に千円札を挟んだチップが次々と歌い手に届けられた。地方の余興などでは出演料が低くても「ハナ」だけで四、五万円も稼ぐのだと聞いたことがある。久しぶりに見た光景だった。

余興も終わりに近づいた頃、七十代前半のひとりの女性が飛び入りで参加した。演目は『津軽山唄』である。歌唱が始まり私は思わず息をのんだ。それは紛れもなくあの名曲であった。兄が得意なその唄は、飛び入りで参加した女性の美声によってみごとに再現されていた。

小節《こぶし》を効かせた歌声は、会場一杯に響き渡った。すると一番が終わるやいなや、和服姿の婦人がなんと一万円札の「ハナ」を持ち寄ったのである。会場はやんややんやの拍手喝采である。一度に千円札十枚分の「ハナ」を手にしたのである。〝プロ顔負け〟とはこのことであろう。久しぶりの小気味の良さであった。念のため付言するが、もちろんプロはプロで上手かった。ただ飛び入りの一般女性としてはあまりにも上手かったということである。

県人会で『津軽山唄』を歌った女性は、東津軽郡蟹田町（現・外ヶ浜町）出身で、子どもの頃から民謡を習っていたのだ。蟹田は、私の出身地の北津軽郡中泊町今泉とは「やまなみライン」を通って車で三十分ほどの近距離だ。故郷を離れても津軽人の心から民謡が離れることはない。改めてそう確信した札幌青森県人会の記念祝賀会であった。

(二) 津軽民謡のパイオニア

津軽民謡は、日本の民謡の中でも特異な存在といわれる。それは、歌い方の難しさもそうだが、独特な発声法や津軽三味線の伴奏にある。目の不自由な「坊様」たちが、生きるために放浪しながら唄を歌う。逆境から生まれた魂の叫びは、他国の民謡を圧倒する迫力があり聴く者を感動させた。このことが津軽民謡を興業の世界にいち早く引き込み、明治末期から、芸人たちは唄を商売にしたのだという。

津軽民謡の功労者として称えられている人物は数多くいるが、ここでは成田雲竹《うんちく》と黒川桃太郎を挙げたい。

成田雲竹は、明治二十二(一八八九)年、西津軽郡森田村(現・つがる市)で生まれ、大正末から昭和三十年代にかけて青森県を中心に活躍した津軽民謡の歌手である。戦前から全国を回る移動民謡道場の活動を通じ、津軽民謡を広めた〝津軽民謡の父〟と慕われ、昭和四十四(一九六九)

年には、日本民謡協会から初の名人位を贈られている。昭和二十五（一九五〇）年、後述する三味線奏者の高橋竹山《ちくざん》を伴奏者に迎え、昭和三十九（一九六四）年に雲竹の長男の住む室蘭市に身を寄せるまで二人のコンビは続いた。その間、演奏活動はもちろん、津軽民謡の編曲『りんご節』を始めとする新民謡の作曲と普及に情熱を注いだのである。

特に、雲竹が歌い上げる『十三《とさ》の砂山』は、技巧的な節回しの津軽民謡の中でも根強い人気がある。

「十三《とさ》の砂山ナーヤーエ　米ならよかろナ」

かつて栄華を極めた港湾都市の十三湊《とさみなと》も、今となっては砂山が残るだけになってしまった。この砂が米であったらよいのに…と、昔人《せきじん》を鎮魂するようにも聴こえる哀愁に満ちた旋律にのせたその唄は、中世の十三湊の繁栄を偲ばせるのである。

一方、今では「嘉瀬《かせ》の桃」というその名だけが、なかば伝説的な響きで語られる黒川桃太郎は、明治十九（一八八六）年、北津軽郡嘉瀬村（現・五所川原市）で生まれた。後述する〝津軽三味線の祖〟と言われる「仁太坊《にたぼう》」こと秋元仁太郎の芸に魅せられ、弟子入りしたのは二十四歳のときである。

その後、「仁太坊」の得意とした、三味線や尺八、太鼓、笛などの八人分の芸を一人で演じる「八人芸」を学びながら、〝津軽の三つ物〟と呼ばれる「じょんがら節」「おはら節」、「よされ節」を改良し、現在の津軽民謡の型を作り上げていった。〃津軽民謡中興の祖〃といわれるほどその功績は大きい。生来の美声と、状況に即して歌詞や節を変える臨機応変さを持ち、独特の節回しは「桃節」と呼ばれて人気を集めた。中でも大正時代の『調子変わりよされ節』は彼の独壇場であった。

ただ、生活には恵まれず、人生のほとんどを興行と流浪の旅で過ごし、正式な妻帯もなかったという。次第に酒と博打におぼれ、昭和六（一九三一）年、四十五歳で早世した。

（三）地域民謡の確立

伝統と革新。津軽三味線の歴史は、その相反するふたつの言葉から成り立っているといわれる。中国から伝わり、室町時代に今の形となった三味線という伝統楽器。それが東北に伝わり、津軽三味線というジャンルが確立していったのは、明治初期と考えられている。その歴史は百五十年ほどで、伝統芸能としては、まだまだ新しいジャンルでもある。

三味線のルーツは、中国の秦代（紀元前二二一〜二〇六年）の楽器「弦鼗《しえんだい》」を起源とする、元代（一二七一〜一三六八年）に演奏されていた「三弦《さんしえん》」といわれている。これが一三九〇年頃に琉球に伝わり「三線《さんしん》」となり、今も民謡などの伴奏に使われている。

室町時代後期、この「三線」が貿易船によって大阪の堺をはじめとした西日本にもたらされ、

津軽三味線会館　ライブ（提供：青森県観光情報サイト）

浄瑠璃や歌舞伎の伴奏に使う「三味線」として、庶民の間に広まっていったという。

瀬戸内海から北海道の松前まで日本海側を航海していた北前船は、商品だけでなく文化を伝える役割も担っていた。西の楽器だった三味線が、北国に伝わり民謡にも変化をもたらしたのである。

津軽三味線は即興演奏が基本のため、譜面も文献も残っていない。その発祥や歴史に関して、はっきりわかっていない点が多々あるが、原型は新潟県で活躍した瞽女の楽曲だと考えられている。

それが津軽三味線の始祖と言われている金木町（現・五所川原市）に生まれた「坊様」の「仁太坊」の手にかかり、家々の軒先で三味線を弾き米やお金を受け取る「門付け」芸として広まった。盲人の「坊様」は、もとより譜面を読めない。したがって、楽譜は端《はな》から必要ないのだ。「坊様」は、三味線を目以外の体で覚えた。きっとそうに違いない。もしかしたら、目はつむっていても、五感や六感が働いているのかもしれない。まさに体感で覚えた職人芸だ。

子どもの頃、私の住む今泉(現・中泊町今泉)にも「坊様」が門付けにやってきたことがある。「坊様」の周りには、珍しさもあっていつの間にか子どもが一人、二人とついて回り、しまいには十人近くもゾロゾロと、時には「坊様」をグルっと取り囲むようにしてついて回るのである。

目が見えないのに、バチさばきは見事なものだ。譜面もないのにどうやって三味線を覚えたのか。子ども心にもそれが不思議でならなかった。「坊様」について回る子どもの行列は、地蔵さんのある村はずれまで続き、そこでてんでバラバラに解散となる。「坊様」は案内人に連れられて次の集落に向かうのだ。

「決して馬鹿にしたり囃し立てたりしては駄目!」親からそう固く念を押され、可哀そうと同情こそしても、邪魔だてすることは一切禁じられているのだ。皆、それを守っていた。

少し脇道にそれたが、三味線演者たちはより目立とうと弦を大きな音で弾き、速弾きのテクニックを磨いていった。そのため、三味線自体は大きくなり、バチは小回りが利くように小さく変化していったのが、今の津軽三味線だという。

当初の津軽三味線は、民謡の伴奏楽器としての側面が強かったが、昭和十九(一九四四)年頃には、津軽三味線独特の奏法が確立され、演奏技術の向上も伴い、いわゆる独奏の津軽三味線として扱われるようにもなった。

津軽三味線の音色は、地吹雪を想わせるような音でもあり、ある時は雪をも溶かす炎のように力強く、運命に立ち向かうような音でもある。そして時には、か細く透き通る音や妖艶な響きを奏で、一方で明るく楽しい音でもあり、また、風や海、自然の音を描写して大地を賛美する、その音色にはさまざまな表情があるといわれている。

高度経済成長期を迎えてテレビが各家庭に普及すると、津軽三味線は三橋美智也や木田林松栄《きだりんしょうえい》、高橋竹山など、数々の名人たちによってその存在が全国的に知られるようになる。そして、邦楽の世界では珍しいことながら、「津軽」という一つの地方の名前を冠した音楽としてのジャンルを確立していくようになったのである。

数多い津軽三味線の名人たちの中から、ここでは白川軍八郎《しらかわぐんぱちろう》と高橋竹山を挙げたい。

白川軍八郎は、明治四十二（一九〇九）年、北津軽郡金木町（現・五所川原市）で生まれた。四歳の時に失明し、九歳で津軽三味線の始祖「仁太坊」最後の弟子となり、わずか三年で師匠を凌ぐ腕になったといわれている。仁太坊の「叩《たた》き三味線」に対し「弾《はじ》き三味線」を得意とした。〝津軽三味線の神様〟ともよばれ、木田林松栄《きだりんしょうえ》や福士正勝といった名手にも多大な影響を与えた。

一方、高橋竹山は、明治四十三（一九一〇）年、東津軽郡中平内村（現・平内町）で生まれた。幼い頃に病気で視力をほぼ失い、盲目の坊様として門付けをしながら生計を立てる厳しい生活の中で演奏技術や高い音楽性が培われたものである。戦後は、前述した〝津軽民謡の父〟とよばれた成田雲竹の伴奏者として各地を興行した。その後、民謡の伴奏から独奏へと移行し、昭和三十八（一九六三）年には、津軽三味線の独奏曲を集めたレコードを出している。

翌三十九（一九六四）年、仙台の勤労者音楽協議会の民謡例会に出演したことがきっかけで、各地の勤労者音楽協議会で活動をするようになり、津軽三味線の普及に大きく貢献する。特に昭和四十八（一九七三）年から始まった東京・渋谷のアンダーグラウンド芸術の発信地、小劇場「ジァン・ジァン」での演奏は、多くの若者がその魅力に接する機会となったのである。

竹山の活動は国内にとどまらず、昭和六十一（一九八六）年にはアメリカでの海外公演も行い、ニューヨーク・タイムズは**「まるで魂の探知機でもあるかのように、聴衆の心の供鳴音を手繰り寄せてしまう。名匠と呼ばずして何であろう。」**と賛辞を寄せたと伝わる。

（四）躍動する津軽手踊り

〝津軽民謡の五つ物〟、または〝津軽五大民謡〟と呼ばれる『津軽じょんがら節』、『津軽おはら節』、『津軽よされ節』、『津軽あいや節』、『津軽三下り』の唄と三味線に乗って「手踊り」が加わる。テンポの速い曲調で、かかとをつかない中腰の低い姿勢と、手先、指先のしなり、そしてキビキビと小気味良く、リズミカルに踊る、それが津軽手踊りの特徴である。

その起源は、明治から大正の時代にかけて、日々の労働や姑に苛《いじ》められている嫁を不憫《ふびん》に思い、旦那が嫁の赤襦袢《じゅばん》を着て女装し、女形になって踊って慰めたのが始まりとされている。その後、農作業の合間などで娯楽として踊られていたところ、大正七（一九一八）年に始まった弘前市の観桜会（今のお花見・桜祭り）での民謡唄会で、舞台踊りとしての津軽手踊りが大きく飛躍したといわれる。そして、芸人達の手にかかり、流派が確立され、競い磨かれて、現在の津軽のゆるぎない郷土の芸能となったのである。

津軽手踊り（提供：津軽手踊り石川義梅会）

津軽手踊りと日本舞踊との違いは一目瞭然である。「踊り」と「舞」と「しぐさ」、これら三つの要素を持つのが日本舞踊である。踊りと拍子に乗るリズム的な要素が強く、表現を内に込めることが基本となっている。一方、津軽手踊りは、前述したとおりテンポの速い曲調でかかとをつかず中腰の低い姿勢と手先指先のしなり、そしてキビキビと小気味よく、リズミカルに踊るのが特徴で、表現を思いきり外に向けるのである。したがって、踊る技法というか形は全く違う。日本舞踊を「静」とすれば、津軽手踊りは「動」である。躍動感に溢れる動作は踊るというよりその手先、指先は天を衝くようで、飛び跳ねると形容してよい。曲目により、日傘や扇子を使い、力強さや優雅さ、しなやかさを組み込み、躍動感溢れるパフォーマンスで観客を魅了するのである。

後述する「金多豆蔵《きんたまめじょ》」は津軽を代表する人形劇であるが、津軽手踊りの技法を動きの基本として百パーセント取り入れていると思われる。「金多豆蔵」を観劇すると、どうしても津軽手踊りが頭に浮かんでくるのである。

(五) 民衆を魅了した金多豆蔵《きんたまめじょ》

「金多豆蔵《きんたまめじょ》」は、明治四十(一九〇七)年に創作されて以来、百年以上にわたって相伝された津軽伝統の人形劇である。首筒式《くびつつしき》という頭の下の穴に人差し指を差し込み、親指と中指で腕を操るという日本唯一の方法で、一人で二体の人形を演じる。それも、和傘や扇子の小物を閉じたり開いたり、投げたり掴んだり、その妙技は津軽ならではの至高の芸である。

子どもの頃、村の劇場で何度か観たことがあるが、忘れられない思い出である。まさか今回、このような形で紹介できるとは思ってもみなかった。心に残る津軽の芸能を紹介するとしたら、やはり「金多豆蔵」をおいてほかにはない。

「金多豆蔵」のとぼけた風貌と、他愛のない頓智《とんち》の効いた掛け合いに、観客は「クスッ」と笑う。その間合いは絶妙である。天才的な職人芸と掛け合いは、観客の心をグッと掴み、会場は笑いの渦に包まれる。時にはお腹を抱え、時には涙をこらえ笑い転げ、観客を虜にして離さない。

この人形劇を考案し、最初に演じたのは木造町舘岡《たておか》（現・つがる市）の野呂粕次郎《のろかすじろう》である。粕次郎は、明治十七（一八八四）年、十九歳の時に見た上方の人形芝居に感激し、その場で強引に頼み込んで一座に加わり全国を巡業した。しかし、言葉の違いなどもあって一座に溶け込むことができず、一年で帰郷することとなる。だが粕次郎はこの一座での経験を生かし、明治四十（一九〇七）年に「金多」と「豆蔵」という二つのキャラクターを作り上げたのだ。

「金多豆蔵」は、人は健康で「豆」に働けば「金」が「多」く入り「蔵」が建つ、という意味が込められたとても縁起の良い名前だという。

酒飲みで失敗ばかりだけど情けの深い「金多」。おっちょこちょいでおしゃべりだけど義理堅い「豆蔵」。二人が世相を嘆いたり、それを笑い飛ばしたりする姿に、人々は共感し、大いに笑い、そして興奮したのである。特に娯楽の少ない働きずくめの農村では、「金多豆蔵」の人形劇はなによりの楽しみでもあった。

その後、東北中を巡業する粕次郎の人形一座に、大正三（一九一四）年、木村幸八《こうはち》が手伝いとして入った。幸八は必死に人形劇の操り方や言い回しを学び、昭和十一（一九三六）年に二代目を継いだ。第二次世界大戦により、しばらく人形芝居を休止していたが、昭和二十一（一九四六）年に再開したところ、娯楽の少ない農村に再び明るい光が灯ったかのように、津軽の村々から公演依頼が殺到したという。

金多豆蔵（写真撮影：三上洋右）

しかし、戦後の復興とともに娯楽も多様化していくにつれ、公演依頼も年を追うごとに少なくなり、人々の目から「金多豆蔵」は遠ざかっていくことになった。一方、戦後、幸八が「金多豆蔵一座」で活躍していた頃、実弟の木村重成《しげなり》は、「勘太金兵一座《かんたこんぺい》」を旗揚げし、独自に公演を行っていたが、やがて農業に本腰を入れなければならなくなり、その活動を休止する。

昭和四十七（一九七二）年、「金多豆蔵」は、伝統人形芝居普及の功績により五所川原市から無形文化財の指定を受けた。しかし、老齢と病気も重なった幸八は公演も思うようにできなくなり、後継者の育成も断念せざるをえなくなる。

こうして時代の変化とともに公演回数は減っていったが、熱烈なファンは多く、県内外から郷土に古くから伝わっている伝統人形芝居を後世に残してほしいとの機運が高まりをみせる。そして、平成四（一九九二）年、木村重成の子であり、幸八の甥《おい》である木村巌《いわお》が「勘太金平人形一座」を復興。その技量は幸八に評価されることとなり、平成六（一九九四）年に「金多豆蔵人形一座」三代目を襲名するのである。

平成二十一（二〇〇九）年には、「津軽伝統　金多豆蔵人形芝居」として中泊町無形民俗文化財に指定されるとともに、津軽中里駅構内にライブ公演会場「金多豆蔵人形劇場・シアター」がオープンし、毎月第一土曜日に定期公演を開催している。ぜひ一度は観てほしい、いや絶対に観てほしい津軽に根付いた至芸である。

第五章　津軽の誇り　三つの宝物

一　神の山　岩木山

（一）岩木山の起源

「十二単を拡げたようで、透き通るくらいに嬋娟《せんけん》たる美女」。

太宰治が小説『津軽』でこう称えたのは、青森県の秀峰、岩木山《いわきさん》だ。〝津軽富士〟とも称されるその山容は、遠くに見て美しく、近くに見てさらに魅力的とさえいわれる。津軽の人々にとってまさに「宝物」と言って間違いはない。

津軽の人々は古くから岩木山を崇め、親しみを込めて「お岩木さま」「お山」と呼んだ。「岩木山が見えないところは津軽ではない」とも言わしめるほど、津軽の人々の暮らしとともにあるのだ。

岩木山は弘前市と西津軽郡鰺ケ沢《あじがさわ》町に跨《また》って位置する円錐形の成層火山で、山頂は三つの峰に分かれている。弘前市側から見て右側が巌鬼《がんき》山、左が鳥海《ちょうかい》山で、これらは火山活動によってできた外輪山である。三峰の中心にあるのが狭義の岩木山で、山頂には一等三角点が設置されていて、日本百名山にも選定されている。岩木山は、見る場所や角度によって全く異なる姿を見せる。こ

岩木山（写真提供：弘前市）

れは三峰が分かれて見えるか、重なって円錐形に見えるかによるものだ。

では、〝北のまほろば〟と称される縄文時代、果たして岩木山は存在していたのだろうか。その成り立ちや起源について探ってみたい。

岩木山の成り立ちは大きく三期に分けられるという。第一期は約三十万年前から噴火と山体崩壊を繰り返し、約二十万年前から一万年前の第二期に、山頂から山麓にかけて噴火による堆積が進んだ。約五万年前の第三期に山頂付近に次々と溶岩ドームを形成していったとされる。西暦一六〇〇年以前の火山活動は不明な点が多いが、気象庁によると現在の山頂の溶岩ドームは一万年前より新しいとされる。

現在の岩木山山頂部を形成している狭義の岩木山（一六二五㍍）、巌鬼山（一四五〇㍍）、鳥海山（一五〇〇㍍）の峰々は、前述のとおり、ドームの形成が約五万年前に始まり、最新の鳥ノ海溶岩ドームは約二千年前に形成されたと推測されている。このことから、〝北のまほろば〟と称された縄文時代には、既に山としての岩木山は存在していたことになる。しかしその頃は、まだ噴火を繰り返し大音響を轟かせていたのだから、縄文人はさぞ恐れ戦《おのの》いたことであろう。

その一方で、噴火が鎮まった縄文後期の時代には岩木山を仰ぎ、現在《いま》の津軽人と同様に崇め、親しみを抱いていたであろうことは想像に難くない。古来、岩木山は山全体がご神体とされ、畏敬の念と親しみをもって現在《いま》に受け継がれているのである。

（二）岩木山神社

岩木山は古くから山岳信仰の対象とされてきた。山麓の弘前市にある岩木山神社《いわきやまじんじゃ》は、宝亀《ほうき》十一（七八〇）年、山頂に社殿を造営したのがその起源とされる。延暦《えんりゃく》十九（八〇〇）年、山麓である十腰内《とこしない》地区に下居宮《おりいのみや》を再建して山頂を奥宮と称した。その後、津軽を支配してきた安藤氏や、地頭、領主の庇護を受け、開拓の神、農産物の守護神、また祖霊の座するところとして崇められてきたのだ。ご祭神は、顕国魂神《うつしくにたまのかみ》、多都比姫神《たつひめのかみ》、宇賀能売神《うがのめのかみ》、大山祇神《おおやまづみのかみ》、坂上刈田麿命《さかのうえかりたまろのみこと》の五神で、この神々をまとめて岩木山大神《いわきやまおおかみ》と称している。

岩木山神社（提供：青森県観光情報サイト）

寛治《かんじ》五（一〇九一）年、下居宮を十腰内地区から岩木山東南山麓の百沢《ひゃくざわ》地区に奉遷し、百沢寺《ひゃくたくじ》と称したのが現在の岩木山神社だ。天正《てんしょう》十七（一五八九）年に、岩木山の噴火により百沢寺は全焼するが、その後再建が進められ、津軽為信《つがるためのぶ》、信枚《のぶひら》、信義《のぶよし》、信政《のぶまさ》らの寄進により社殿などが造営された。特に、信義、信政の時代には、現在の拝殿（当時の本堂）や、本殿（当時の下居宮）、桜門が再建され、江戸時代には弘前藩の総鎮守として崇められた。

このように、現存する岩木山神社は、歴代の弘前藩主らによって建立されたのだが、その材料には弘前藩産のヒバが多く使われた。古いものは四〇〇年近くも風雪に耐えた重厚な建造である。本殿や拝殿、奥門、桜門などは国の重要文化財にも指定されていて、秀麗で偉容を誇る名社、「日本の北門鎮護」として今も人々に崇敬されているのである。

岩木山神社にまつわる伝説としては、平安時代、征夷大将軍の坂上田村麻呂が、岩木山大神の加護により東北平定をなすことができたとして、前述の通り、延暦十九（八〇〇）年、十腰内の里に下居宮を再建したと伝わる。田村麻呂は、延暦二十一（八〇二）年に「造陸奥国胆沢城使《ぞうむつのくにいさわじょうし》」となって胆沢城を築き、鎮守府を多賀城からこの城へ進めている。さらに、翌二十二（八〇三）年には志波城《しわじょう》が築かれた。その後、田村麻呂は再び征夷大将軍に任命されるが、弘仁《こうにん》二（八一一）年五月に五十四歳でその生涯を終えている。

しかし、興味深いことに実はこの間、田村麻呂が津軽に入った形跡はどこにも見当たらないのだ。田村麻呂が津軽に入らなくとも、その徳望と名声が、田村麻呂の岩木山神社再建伝説を誕生させたのかもしれない。

(三) 安寿と厨子王伝説

岩木山は古来、信仰の対象であるだけに数多《あまた》の伝説がやどることで知られる。坂上田村麻呂伝説もそうだが、森鴎外の小説『山椒大夫』で有名な「安寿と厨子王の伝説」もそのひとつだ。その伝説の骨子はこうだ。

平安時代の永保《えいほう》年間（一〇八一〜八四年）、岩城《いわき》判官であった平政氏《たいらのまさうじ》の子、安寿と厨子王の姉弟は、筑紫に流罪となった父のもとを母と共に訪ねる途中、人買いに騙されて、母は佐渡に、姉弟は丹後由良湊の山椒大夫に売り渡される。過酷な労働を強いられた姉弟であったが、安寿は、命がけで厨子王を逃がし、自らは非業の死を遂げる。生き延びた厨子王は、長じて父と同じ国司に任じられて善政を敷き、後に、佐渡で盲目となっていた生き別れの母と再会を果たすというものである。

しかし、これが津軽の地では、安寿は艱難辛苦《かんなんしんく》なんとか逃れ、岩木山にこもり終《つい》に神になったというのである。この伝説は、すでに藩政時代以前からあったもので、弘前藩二代藩主の津軽信枚《のぶひら》が、岩木山神社山門の五百羅漢の中に、安寿と厨子王の木像を納めさせている。また、山椒大夫の地である丹後の人が弘前藩の領内に立ち入れば、岩木山の神の怒りにふれて必ず天候不順になるとして、その気象現象を「丹後日和」と呼び、出入りを厳しく取り締ったという。

この伝説は、安寿と厨子王の出自とされる「岩城」と「岩木」が同音であることから、「山椒大夫」の舞台に津軽が当てはめられたものと考えられている。

参考　森鴎外の小説『山椒大夫』は大正四（一九一五）年に発表された作品だが、その原典は中世に成立した説経節『さんせう太夫』で、「安寿と厨子王丸」はそれを子供向けに改編したもの。古くから各地で民話として受け継がれている。

(四) お山参詣

岩木山神社で最も知られているのが「お山参詣」である。これは、神事「奥宮神賑祭《おくみやしんしんさい》」の通称で「向山《むかいやま》」「宵山《よいやま》」「朔日山《ついたちやま》」と呼ばれる八月の三日間で行われる津軽地方最大の豊作祈願祭だ。国の重要無形民俗文化財にも指定されていて、五穀豊穣の感謝と願いを込めて、集落ごとに幟《のぼり》を持ち、集団でお山を目指す伝統行事である。

集落から岩木山神社までの行進中と、山頂までの登頂の間、笛、太鼓、手平鉦《てひらかね》の囃子《はやし》に合わせて

サイギサイギ、ドッコイサイギ、
オヤマサハツダイ、コンゴウドウサ
イーツニナノハイ、ナムキンミョウチョウライ

お山参詣（写真提供：弘前市）

と繰り返し唱えながら行進する。

この「お山参詣」がいつ頃から始まったのかは定かではない。一説によると鎌倉時代初期ともいわれるが、現在のように形式化したのは江戸時代中期になってからだ。その当時、旧暦八月一日の「朔日山《ついたちやま》」は藩主のみが登拝するもので、一般の人たちはお山に入ることができなかった。一般の人たちによる参詣が主になったのは、明治になってからだといわれている。

(五)「呪文」と「踊り」

お山参詣の参拝者たちは、前述の呪文のような登山囃子を唱えながら山頂を目指す。これは、お山参詣の祭囃子の起源が「真言密教の音楽」と言われる所以だ。元々が、密教、修験道《しゅげんどう》、陰陽道《おんみょうどう》などで唱える文句なのである。よって、その内容を理解するのは容易ではないが、そのいくつかを見てみよう。

一、サイギサイギ(懺悔懺悔)

過去の罪過を悔い、神仏に告げこれを謝す。

二、**ドッコイサイギ（六根懺悔）**
六つの根本。目、耳、鼻、舌、身、意の六根の迷いを捨てて汚れのない身になる。
三、**オヤマサハツダイ（御山八大）**
観音菩薩、弥勒菩薩、文殊菩薩、地蔵菩薩、普賢菩薩、不動明王、虚空蔵菩薩、金剛夜叉明王の八大柱の神仏。
四、**コンゴウドウサ（金剛道者）**
金剛石のように揺るぎない信仰を持つ巡礼を意味する。
五、**イーツニナノハイ（一々礼拝）**
八大柱の神仏を一柱ごとに礼拝する。
六、**ナムキンミョウチョウライ（南無帰命頂礼）**
身命を捧げて仏菩薩に帰依し神仏の戒めに従う。

これらが呪文の意味するところである。
下山するときは、岩木山神社に無事の登拝を報告した後、桜門から「バダラ踊り」という踊りをしながら帰路に着く。

いい山かげた、朔日山《ついたちやま》かげた、
バダラ、バダラ、バダラヨウ

こうやって囃子ながら下山するのである。

「バダラ」とは**「婆娑羅《ばさら》」**のことで、極端にはしゃぐ、おどける、はめを外す、を意味する。バダラ踊りは、登拝を無事すませたという喜びと、お山がそれぞれの願い事を聞き入れ、登拝した人々に神通力が宿った喜びを表現したものである。

津軽地方には何世紀にも渡って、冷害による飢饉（「けかち」ともいう）に苦しめられてきた歴史がある。「アスナロ」、明日はきっと良くなる。そう固く信じ、厳しい風雪と冷害をもたらす偏東風「山背《やませ》」にも耐えてきた歴史なのである。登山囃子の呪文にその思いも込めて、津軽平野の五穀豊穣《ごこくほうじょう》と無病息災を祈願するのである。

お岩木さまと津軽平野、そしてそこに生きる人々は、津軽の人にしか分かりえない、切っても切れない特別な関係で繋がっているのである。

それにしてもなぜ、太宰は『津軽』の中に岩木山と岩木山神社、お山参詣を書かなかったのだろうか？　岩木山のない『津軽』なんて津軽ではない！　そう思えてならない。

(六)「ババヘラ」と「嶽《だけ》きみ」

津軽の宝物、お岩木山と岩木山神社にまつわる話をここまで述べてきたが、残念ながら、私自身は未だ「お山参詣」の登拝に参加したことがない。それでも、弘前を訪れた時には、必ずと言って良いほど岩木山神社を参拝している。それは、信仰心のほかに、もうひとつの楽しみがあるからだ。

ババヘラ（写真撮影：三上晃瑠氏）

岩木山神社の境内入口に立つ大鳥居前の広場は、参拝者や観光客の駐車場になっている。その広場に、アイスクリームのワゴン販売が必ず一台はいる。天気の良い日は二台の時もある。そう、私のもう一つの楽しみというのは、そのアイスクリームなのだ。地元ではいつしか、このアイスクリーム売りを「ババヘラ」と呼ぶようになった。リヤカーを改造した荷台にアイスクリー

嶽きみ（提供：青森県観光情報サイト）

ムの入った大きな缶を乗せ、金属でできた「ヘラ」で、アイスクリームをコーンに盛り付ける。販売員は全員、頬かむりに長袖シャツの中年女性「ババ」である。若い女性や男性の販売員は見たことがない。

ソフトクリームとは違うシャーベットにも似た、昔懐かしい昭和を感じさせるレトロなその食感と味は、今では「ババヘラ」以外に存在しないと言っても過言ではない。少なくとも私はそう思っている。神社の近くには、ゴルフ場や津軽ダムなどの行楽地もあり、参拝者のみならず、通りすがりの観光客にも「ババヘラ」は人気がある。

実は、楽しみはもう一つある。「嶽《だけ》きみ」を食すことだ。津軽弁ではトウモロコシを「きみ」と呼ぶ。「嶽きみ」とは、青森県産のブランドトウモロコシで、その味ときたら天下一品である。「嶽きみ」は糖度が十八度から二十度もあり、通常のトウモロコシに比べてケタ違いに甘い。果物のような圧倒的な甘さと、ジューシーで弾けるような食感はやみつきになる。この抜群の甘さと食感を生み出すのは、夏場の寒暖差にある。岩木山の山麓に位置する嶽《だけ》高原は、昼夜の寒暖差が十度以上にもなる。昼間、光合成でたっぷり育《たくわ》えた栄養は、夜の低温で活動が抑えられ糖度が上がるのだ。旬の期間は、八月中旬から九月いっぱいと限定されるが、「嶽きみ」は日本一甘いトウモロコシとして、津軽名物のひとつに数えられている。

津軽の隠れた名物「ババヘラ」とともに、岩木山神社に参拝の機会には、時期は限られているが、是非とも食してほしい逸品である。

二　命の大地　津軽平野

青森県西部に広がり、国内有数の広さを誇る津軽平野は、古くから津軽の人々の命を支えてきた宝物である。

南津軽郡田舎館《いなかだて》村の垂柳《たれやなぎ》遺跡や弘前市の砂沢遺跡《すなざわいせき》からも水田跡が発掘されているように、津軽平野では弥生期から稲作が行われてきたことが知られている。中世、安藤氏の時代の土地の開墾、そして江戸時代の弘前藩による積極的な新田開発によってその開拓面積は飛躍的に拡大した。

現在では、青森県の水稲収穫量は二十三万五千二百トンで全国十一位、十a《アール》当たり収量は五百九十四キログラムで全国二位を誇り（青森県庁令和四年度統計）、津軽平野は国内における一大穀倉地帯に成長した。

古来、稲作が行われていたこの地を、司馬遼太郎は、著書『北のまほろば』において、**「今を去る一万年前から二千年前、こんにち縄文の世といわれている先史時代、このあたりはあるいは〝北のまほろば〟というべき地《くに》だったのではないかという思いが深くなった。」**と称賛している。

しかしその一方で、江戸時代の弘前藩の政策については次のように断罪している。

「津軽藩初期の高《たか》は、秀吉の時代の検地によって四万五千石にすぎなかったことはわかっている。（中略）コメに偏執し、相次ぐ新田開発によって江戸中期には実高三十万石をあげるにいたった。無理に無理をかさねた。（中略）実高三十万石とはいえ、藩財政は慢性的に赤字で、（中略）江戸後期以後は、いまでいう〝銀行管理〟のようになっていた。コメ一辺倒政策の悲劇といっていい。」

本当にそうなのだろうか。無理を重ねてきたことは事実かもしれない。しかし今日、水稲収穫量が全国でもトップクラスに成長した津軽平野があるのは、弘前藩が行ってきた新田開発の政策を抜きには成しえなかったのではないか。

そこで、本章では津軽平野の成り立ちから、先人たちのたゆまぬ努力により進められた新田開発の歴史を振り返ってみたい。

（一）豊穣の大地

津軽平野は、青森県西部の岩木川流域に広がる、南北六十キロ、東西二十キロの沖積平野で、津軽山地と岩木山・奥羽山脈に接し、北西部は日本海に面している。

弘前市を中心とする南部地域は盆地状の地形で、夏は湿度が低く、気温は三十度を超すという稲の生育に適した条件がそろっている。また、この地域には、水田とともにりんご園が広く分布している

上空から見た津軽平野と十三湖、日本海、岩木山
（提供：青森県五所川原市）

が、りんごが山麓の傾斜地と自然堤防に作付けされているのは、米と違って平地ではなくても生育するからだ。

稲作とともに、この地でりんご栽培が発展したのは、その気候条件はもちろんだが、それにもまして優良品種の育成や病害虫の防除、販路の拡大などに尽くした生産者たちの努力の結果である。大正から昭和にかけて、凶作に見舞われた時期がありつつも、それをはねのけ経営を大きく拡大させてきたのだ。

戦時中の一時期、りんごの生産量は減少したが、戦後には果樹ブームにも助けられ、再び増加に転じている。りんごは、米とともに青森県の主要産業となり、その豊凶は県内経済に大きなインパクトを与えるまでになった。そのため、県内ではりんご研究への取り組みも盛んで、黒石市には国内唯一のりんご試験場「青森県産業技術センターりんご研究所」があり、生産から販売、加工などの一貫した指導を行っている。

一方、津軽平野の北部地域は、江戸時代中期、弘前藩によって開拓された水田単作地帯だ。十三湖岸まで水田が続き、湖岸は干拓工事によって水田化された。北部地域の中心都市は五所川原市だ。五所川原駅はＪＲ五能線《ごのうせん》の主要駅であり、ここを起点に「ストーブ列車」で有名な私鉄「津軽鉄道」が中泊町中里まで運行している。私はずいぶん昔に、その列車に乗ったことがある。列車の中に設置されたダルマストーブで炙ったスルメの匂いが、いつまでも衣服からとれなかったことを覚えている。私は十九歳で札幌市民になっているので、それ以前のことだ。

また、五所川原駅を起点に、北部平野地帯の各地にバスも多く運行されていて、五所川原駅は北部地域の交通の拠点となっている。この辺りは、海抜が低い平坦な地形であることは、海抜十㍍の等高線が五所川原市付近を東西に走っていることからもよくわかる。

津軽平野が豊穣な大地に生まれ変わったのは、ひとえに弘前藩の新田開発政策によるものだ。青森県史編さんグループの中野主幹によれば、現在の五所川原市、つがる市の地域は「新田地方」ともよばれる。江戸時代中期に新田開発が進展した地域で、現在のように青々とした水田が広がる風景はこの時代に形づくられたものだ。

戦国時代が終わり、武力による領土拡張ができなくなると、全国の諸藩は新田開発による年貢増強を盛んに行うようになった。その中でも、弘前藩は新田開発が最も進んだ藩である。弘前藩の新田開発は、いわゆる「小知行派立《こちぎょうはだち》」と呼ばれるもので、在所の有力者による小規模な開発から始まった。「派立」とは新田を示す津軽地方特有の用語だ。しかし、大がかりな水利工事を伴う開発は個人では限界があるため、十七世紀後半には「御蔵派立《おくらはだち》」とよばれる、藩が直接指揮する大規模な新田開発が積極的に行われるようになっていった。

その結果、十七世紀末の米の収穫量は、幕府から公認された表高四万七千石の五倍以上にも上り、幕末には三十万石にも達したのだ。

このように、津軽平野が豊穣の大地となったのは、新田開発を積極的に推進したからに他ならず、それは弘前藩の最大の功績と言ってもいい。

一方、司馬遼太郎が『北のまほろば』において、**「飢饉で農民が苦しんだのは（弘前藩が行った）コメ一辺倒の政策が招いた悲劇だ」**と言わしめたのは、新田開発が無理に無理を重ねたからだと考えたのかもしれない。

しかし、その考え方は、どうしても腑に落ちない。別章で反論を試みたい。

（二）りんご王国の誕生と開拓期

明治時代、青森県の経済をさらに押し上げたのは、県が米に加えてりんごを主産業に育成したことにある。

日本に「りんご」が導入されたのは、明治四（一八七一）年で、内務省勧業寮《かんぎょうりょう》から青森県庁に「りんご」の苗木三本が配布され、県庁構内に栽植されたのが〝青森りんご〟の始まりだといわれている。

現在、青森県のりんごの生産量は四十六万三千㌧（令和二年）で、全国の生産量の約六十一㌫を占める。まさに日本一の〝りんご王国〟だ。なお、青森県内でも、りんごの生産量が最も多い

弘前市りんご公園（提供：青森県観光情報サイト）

のは、品種「ふじ」を開発した南津軽郡藤崎町である。

青森県におけるりんご産業は、経済面だけではなく、今では文化や観光においても大きな役割を果たしている。

このように、津軽平野は今でこそ豊かな実りの土地であるが、その開拓の歴史は過酷以外の何ものでもなかった。

江戸時代に開拓された新田地帯のなかでも、とりわけ五所川原市近辺の海抜十メートルの等高線より北西に位置する十三湖近辺域は、「腰切田《こしきりだ》」、「乳切田《ちちきりだ》」とよばれていた。これは、腰や胸まで泥濘《ぬか》るむ泥深い地帯であったことを意味している。

西津軽郡車力村（現・つがる市）は、岩木川の氾濫や山田川の逆流による塩水害などにより稲作は過酷を極めた。大正十三（一九二四）年に発生した塩水害では、田地に大きな被害を受けたことから、農民救済のために「小作組合」が結成された。これがその後、県で最初の「農民組合」となり、その結成大会には、後の社会党委員長、浅沼稲次郎が農民運動のリーダーとして駆けつけている。また、昭和元（一九二六）年には、この車力村の「農民組合」で、小作米五割減免を要求する「小作争議」が勃発したのである。

（三）営農形態の変遷

津軽平野が豊穣の大地となったのは、新田開発を積極的に推進したからであると述べてきたが、そこに至るまでの我が国と津軽平野の営農形態の変遷について考えてみたい。

（一）日本における土地所有の変遷

我が国の稲作の歴史は、紀元前十世紀頃、九州北部の玄界灘沿岸に水稲が伝来したのが始まりとされる。当初、稲作は集落の共同作業で、河川下流部の後背湿地や、谷地の湿地に水田が作られ、弥生期には現在の青森県まで北進した。稲作技術の発展に伴い生産力が増大すると、やがて集落間に貧富の差が生じ、それが支配関係へと発展して有力な集団《クニ》の統合が進む。こうして、四世紀ころには次第に古代国家が形成されていった。

大化《たいか》元（六四五）年、大化の改新が始まり、唐の律令制度を基にした「公地公民」が打ち出される。すなわち、土地と人民を国家が直接支配するという方針のもと、中央集権体制となり、土地を碁盤の目に区割りして、農地と農業水利の整備が進められた。土地は「班田収授法」により管理された。これは、戸籍に基づいて六歳以上の男女に口分田《くぶんでん》を与え、死亡すると返させるという制度である。土地は国家のものであり、人民はその土地を与えられはしても所有はできなかったのだ。

奈良時代に入り人口が増えると「班田収授法」により与える田地が足りなくなってくる。そこで、養老《ようろう》七（七二三）年、開墾した田地は本人とその子、孫の代まで所有を認める「三世一身法」を制定。さらに、天平《てんぴょう》十五（七四三）年には「墾田永年私財法」に改め、開田の永久私有が認められることになった。これにより「公地公民」は完全に崩壊し、資本を持つ貴族や寺社は活発に開墾を行い「荘園」という私有地を広げることになるのである。

十世紀ころからは、武士が「荘園」の警護や開墾地の領主として力を蓄え、支配階級として台頭し始め、鎌倉時代、源頼朝は土地を介した主従関係で成立する封建制度を確立して、「国」ごとに守護を、「荘園・公領」ごとに地頭を配置して水利開発を推し進めた。

室町時代に入ると、守護は「荘園や公領」をも支配して守護大名となり、それらの土地の土豪たちと主従関係を結んだ。その後、戦国期が幕を開けると、辺境の「荘園」は武士によって横領されていくのである。

全国統一を果たした豊臣秀吉は、文禄《ぶんろく》三（一五九四）年に太閤検地を実施し、土地の所有権を整理するとともに、実際に耕作している農家の戸主を作人として検地帳に登録。直接年貢を負担させることにし、全国の土地を領主に直属させた。これにより、奈良時代から始まった「荘園制度」は終焉を迎えることとなる。

江戸時代の徳川幕府は、幕藩体制による土地支配と強固な身分制度によって社会を秩序立てる。そして、米の生産量を基準として耕地に「石高」を割り当て、米を財政基盤とした。農村では「村請《むらうけ》制度」により名主《なぬし》を筆頭として、五人組を単位に農民が組織化され、村全体の相互扶助・相互監視によって年貢や賦役などを納めさせる。このように江戸時代は米の確保が政策の基本であり、技術進歩も相まって、全国各地で大規模な新田開発が進められたのである。

明治時代に入って近代国家づくりを進めた政府は、地租改正を行い、土地売買の自由化とともに、地代を年貢米から金納とすることにより財政基盤を確立した。また、明治政府は、廃藩置県によって身分を喪失した藩士を救済するため「士族授産制度」を設けて開墾や移住を促進した。これらにより北海道開拓をはじめ、全国の山林原野が開墾され、大幅な農地の拡大へとつながるのである。

(二) 津軽における地主制の変遷

津軽地方では、垂柳《たれやなぎ》遺跡（南津軽郡）から弥生時代中期の水田跡が発見され、さらに砂沢遺跡（弘前市）からは、日本最北で東日本最古とされる弥生時代前期の水田跡が発掘されている。この頃はまだ、関東や東海地方に稲作はそれほど伝播《でんぱ》していなかったという説があることからも、大和朝廷から中世に至るまで、夷狄《いてき》の地・化外《けがい》の地とされ未開地とされていた本州北限の地は、古代、中央よりはるかに進んでいたともいえる。まさに〝北のまほろば〟と称される所以だ。

中世からは豪族が地方を統治するようになり、津軽においても、安倍・安藤氏から南部氏へと統治者が変わるたびに、土地の所有者もその統治者に移っていった。

垂柳遺跡（提供：田舎館村教育委員会）

戦国の時代になると、南部氏の支配地であった津軽を征服した大浦為信は、天正《てんしょう》十八（一五九〇）年、小田原攻めの豊臣秀吉に馳せ参じて津軽三郡安堵《あんど》の朱印状を下賜《かし》される。これをもって弘前藩は成立した。この時に安堵された所領は四万五千石である。

慶長《けいちょう》五（一六〇〇）年に関ヶ原の戦いが起こるや、為信は徳川に投じて参戦し、その功によって四万七千石の大名となった。さらに、文化《ぶんか》二（一八〇五）年には蝦夷地警備により七万石、同五（一八〇八）年には十万石に石高が増え、一度の国替もなく一貫して津軽の地を領有して幕末に至った。このように江戸時代を通じて同一地の支配を続けたのは外様大名としては数少ないひとつである。

津軽地方の地主制の発達は、弘前藩の新田開発政策と深く関わっているといえる。藩創設期の弘前藩は広大な未開地である津軽平野を抱え人口も多くはなかった。このため、慶長年間（一五九六〜一六一五年）から寛文《かんぶん》年間（一六六一〜六七年）以前まで、開墾を希望する者は、たとえどんな者であっても許可した。と同時に開墾後の五年ないし十年は年貢や諸役を免除したのである。加えて開拓の功によっては知行を与え士分に取り立てるという優遇策をもって奨励した。これによって弘前藩の新田開発は大きな成果をあげたといわれている。

しかし、当時「広須《ひろす》新田」とよばれた現在の木造地方は、こうした個々の力ではとても手に負えない茫漠《ぼうばく》と萱《かや》が茂るだけの湿原地帯であった。そこで、寛文十二（一六七二）年に藩の直轄工事として、家屋の建築材料はもちろん、食糧の給付をはじめ租税の免除・軽減の期間延長など、あらゆる便宜を与えて開発させる方法を採用した。このことからも、弘前藩が新田開発をいかに重要な政策として位置付けていたかがわかる。こうして今日《こんにち》の木造新田、金木新田、俵元《たわらもと》新田、五所川原新田は、おおむね享保《きょうほう》年間（一七一六～一七三五年）に完成したのである。

この時期に発達した地主制は、小作ではなく自ら農業を営む地主、いわゆる「手作り地主《てづくりじぬし》」が各地に発生しているのが特徴である。そして、本家を頂点とした分家群による同族組織、津軽では「オヤクマキ」と呼ばれる集団を形づくっていった。その草分け的な家は今日でも多くの村々に旧家として存在している。

津軽地方における地主制の発達をみる時、「余田《よでん》買上げ」が大いに参考になる。「余田買上げ」とは、明治三（一八七〇）年、弘前藩が行った藩士の救済策で、別名「帰田法」といわれるもの。領内の地主や豪商の田地のうち、十町歩を残し、あとは強制的に藩が廉価で買い上げる、あるいは献納させ、それを、身分を失った藩士に与えた政策である。

余田買上げの資料を確認すると、特に岩木川下流地帯の新田地帯と、現在の中弘南黒地区（弘前市、黒石市、中津軽郡、南津軽郡）の、いわゆる津軽の穀倉地帯に地主が多く発生していたことがわかる。当時、津軽地方で最大の地主は北津軽郡板柳町の松山宇兵衛で、その所有面積は百七十二町歩。二位は浅瀬石村（現・黒石市）の鳴海長左衛門の百二十八町歩である。かなり大きい地主が発生していたといえる。

江戸時代後期、津軽地方では造り酒屋が地主として成長している例が極めて多くみられる。先の松山家、鳴海家もしかりだ。このような酒造業者は田地を所有して地主化し、その小作米をもって酒を造り農民へ販売した。いわば〝二重取り〟を行っていたのである。寒冷な津軽地方は酒の需要が高かったに違いない。また喜びにつけ悲しみにつけ、酒が求められたのであろう。造り酒屋は雪だるま式に所有する土地を増やし、さらに凶作による離農した土地などが、これに拍車をかけたと考えられる。

前述のとおり、明治三（一八七〇）年の「余田買上げ」により、津軽地方には十町歩以上の地主は存在しなくなったが、その後の地主の発達をみてみよう。

大正十三（一九二四）年、農商務省は全国の五十町歩以上の地主の調査を実施した。それによると、青森県の一位は五所川原市の佐々木嘉太郎で田畑合計六百四十七町歩三反、二位は同じく五所川原市の平山又三郎の三百九十四町歩五反で、この二人が群を抜いた大地主に成長している。なお、六位には金木町（現・五所川原市）の津島文治が二百二十町歩二反で登場しているが、これは太宰治の長兄にあたる人物だ。この三名の職業はいずれも「金貸」となっている。いわゆる金融業を営むことによって多くの土地を手に入れたことを示している。このように、江戸時代における酒造業に代わり、金貸業が地主として台頭してきたのだ。

この調査結果には、旧地主が一部含まれているものの全体的に新人が多く、資本主義の発展によって登場してきた、金貸業、商業、銀行業といった新興成金による地主、いわゆる「寄生地主」が目をひく。なお、旧地主は、余田買上げの後、中小地主として再び成長発展して村落の支配者に収まっていった。しかし、それ以上に新興成金の地主が経済変動を利して急速に土地集積を果たし、主役に躍り出たのである。

この調査で一位の佐々木嘉太郎が、一介の丁稚奉公人から布屋を営む佐々木家の養子となり、独立して木綿品を扱ったのが明治初年のことである。その彼が田地を大量に手に入れたのは、明治十四（一八八一）年以降の「デフレ政策」によって、米などの農産物価格が下落し、疲弊した農村が田畑を放棄した時期であった。

生活に困窮した農民が頼ったのは「金貸」である。わずかばかりの借金でも利息が利息を生み、その返済に土地が二束三文の値段で「金貸」の手に渡った。こうして、新興成金は大地主として急成長を遂げることになるのである。

㈢「黒塀地主」と「レンガ塀地主」

津軽地方の近代地主には、「黒塀地主」と「レンガ塀地主」とよばれるものがある。

「黒塀地主」とは、その地域で伝統と長い歴史を持つ地主のことで、一族の総本家でもある。長い年月の間に多くの分家を創出し、一族の長《オオヤケ》として何事にも面倒を見て世話をし、その親戚《マキ》を増やしてきた。したがってこれら地主は、親戚に金を貸しても利息は比較的安く、それを「オヤクマキ勘定」と呼んだ。

ちなみに、『蒙古《もんこ》の子守唄』にも登場した清藤家も、豪農・大地主として代々続く、津軽でも有数の資産家一族である。清藤家の場合、一族の者への金利は年一割、高くても二割であるが、そうでない者は四割ともいわれた。

これに対して「レンガ塀地主」は、前述の佐々木家や、津島家のような新興成金による地主、いわゆる寄生地主で、一族の総本家筋という家柄ではない。成金によっていわば金力を誇示するため、当時としてはハイカラな赤レンガで家を囲み、義理人情なしで金を貸し、その抵当の土地を集積していった。

今日の津軽地方では、「レンガ塀地主」の多くが戦後の農地改革などを経て没落し、既にその土地には住んでいない。これに対し「黒塀地主」は、農地改革で土地を失い黒塀が朽ちかけても、今なお隠然《いんぜん》たる影響力を保持しているという。

中泊町に所在する宮越家は、そんな「黒塀地主」の典型である。

宮越家の先祖は、加賀国江沼《えぬま》郡宮ノ越《みやのこし》（現・石川県加賀市）の出身で、江戸時代前期、金木組尾別《おべつ》村(現・北津軽郡中泊町)に移住したと伝えられる。当主は代々七兵衛《しちべい》を襲名し庄屋を務めた。

豪農として知られ、天保《てんぽう》四（一八三三）年に弘前藩から二百両の御用金を命じられたほか、明治三（一八七〇）年の「余田買上げ」の際には三十七町歩に及ぶ田畑を提供した。半ば強制的に土地を取り上げられたことにより、多くの大地主が家勢を削がれていくなかで、宮越家は中興の祖と謳《うた》われる八代目要三郎《ようさぶろう》の時代に立て直しを図り、以前にも増して興隆の時代を迎えることとなる。宮越家の黒塀を巡らせた屋敷の外観は、地域と一体となって歩んできた歴史が人々の精神的支柱であることを物語っている。

例えば二代目七兵衛は、元文《げんぶん》四（一七三九）年に尾別飛龍宮（現・神明宮《しんめいぐう》）に寺子屋を開設し、飯米などの支給も行いながら村内の子弟に読み書きそろばんを習わせたとされる。また、八代目要三郎は、明治十四（一八八一）年に尾別小学校が開設された際、学校用地を無償で提供したほか、校舎の新築費や学校運営費をはじめ、教員の給料まで助成した。その後も代々にわたって、校舎改築や備品購入に際しては後援を行うなど、宮越家は物心両面から地域教育を支え続けてきたのである。

㊃ 奇跡のステンドグラスと襖絵

中泊町尾別に現在も残る宮越家は、「本邸」と瀟洒な離れ「詩夢庵《しむあん》」、大石武学流庭園をアレンジした「静川園《せいせんえん》」から成る。

宮越家　ステンドグラス①（提供：中泊町博物館）

宮越家　ステンドグラス②（提供：中泊町博物館）

大正九（一九二〇）年に「詩夢庵」を造り上げた九代目正治《しょうじ》は、従来の農林業経営を核に、銀行業や鉄道などの成長産業への投資を積極的に進め家業を拡大した。その傍ら、全国の文化人らと親交を深め、それらの作品や揮毫を入手し、また、旧家や華族から放出された茶道具などの美術工芸品を大量に購入する。それらは「詩夢庵」の装飾品として活用することが目的だったと考えられている。実際に、「詩夢庵」の建具や調度は贅が尽くされ、とりわけ、小川三知《さんち》が手掛けた三ヶ所の窓に施されたステンドグラスは、「和」の意匠を巧みに織り込んだ氏の最高傑作ともいわれ、その美しさは圧巻である。

小川三知は、大正から昭和初めに活躍したステンドグラス作家で、橋本雅邦※に学んだ日本画の素養とアメリカ留学で身に付けた高度なガラス技法を武器に、やわらかな線と湿潤な色合いに清麗な気品を醸し出す、独特の作品群を生み出した。しかし、それらの作品の多くは、関東大震災や戦災等によって失われ、宮越家のステンドグラスは現存する貴重な作品と言われている。

さらに、詩夢庵で最も格式が高い「奥の間」と呼ばれる座敷には、安土桃山時代から江戸時代初期にかけての画家で、豊臣家の絵師としても活躍した狩野山楽《かのうさんらく》の襖絵、「花鳥之図」が厳かで優美な美を放ち、見る者を魅了する。

また、正治は「詩夢庵」と一体となる庭園造りにも精力を注いだ。宮越家には先代要三郎の時代、大石武学流宗家の二代目高橋亭山《ていざん》（米五郎）が手掛けたと思われる庭園がすでに存在してい

宮越家　屏風絵（提供：中泊町博物館）

宮越家　庭園①（提供：中泊町博物館）

宮越家　庭園②（提供：中泊町博物館）

た。そこに正治が新たに造り上げた庭は、敷き詰めた黒玉石を水の流れに見立てた枯山水庭園と湧水を満たした池を中心とする池泉庭園とが一体となった類例のないものだった。これらの庭園は、「尾別」のアイヌ語解釈「静かに川の流れるところ」から「静川園」と命名されたのである。草木芽吹く初春、新緑滴る盛夏、草花燃ゆる錦秋、水墨画のような厳冬、四季折々の景観を見せる「静川園」は、正治の理想郷そのものだったのであろう。

令和五（二〇二三）年八月上旬、私は、現札幌市長である秋元克広氏とともに宮越家を訪れている。秋元氏との旅の経緯は後述するが、その時は中泊町博物館館長である齋藤淳氏の案内のもと、宮越家の現当主、十二代目宮越寛氏との面会も果たした。寛氏は、齋藤館長らの説得に応じ、「見せびらかすものではない」という家訓を解き放し宮越家を公開に踏み切った人物だ。「テレビで紹介されてから十六年も待っていた人たちが見に来てくれた。涙を流してくれた人もいる。その願いに応えることができた。公開して良かった」と宮越氏は語る。

真夏の庭園の木々を借景としたステンドグラスは、西洋のそれとは違う日本的情緒を感じさせるもので、静寂のなかに見るその景観は、時が止まったかのような、まさに息を飲む美しさだ。

この大正ロマン香る宮越家は現在も私邸であるが、中泊町の観光名所として年間の一時期に限って一般公開されている。国宝級ともいわれるステンドグラスや襖絵、金屏風などの美術品や多数の調度品は、ぜひ一度ご覧いただきたい。

※参考　橋本雅邦：明治期の日本画家。東京美術学校（現・東京藝術大学）の発足に関わり、第一次の帝室技芸員のメンバーにも選ばれた日本画壇の重鎮。画家としても教育者としても活躍した。

(四) 津軽平野とは

これまで我が国と津軽平野における営農形態の変遷を時系列で整理してきたが、稲作の始まりから江戸時代の米を財政基盤とした新田開発は、津軽平野に限ったことではなく、全国的な流れの中で行われてきたものであった。このことをもってしても、司馬遼太郎が『北のまほろば』で記述した**「(弘前藩が行った)コメ一辺倒の政策が招いた悲劇」**という主張は弘前藩に限った事象ではなく、否定せざるを得ないと考える。むしろ、津軽平野を今日、我が国の一大穀倉地帯に発展させたのは、農民の努力はもちろんのこと、弘前藩の大きな功績だったと考えるに至るのである。

この津軽平野と切っても切れない関係にあるのが岩木川と十三湖《じゅうさんこ》である。岩木川水系は流域の田畑を潤し十三湖に注がれる。十三湖は干拓事業により、津軽平野の優良水田として、生まれ変わってきた。

反面、古くから農民を悩ませてきたのも岩木川と十三湖であった。岩木川水系の氾濫や十三湖からの逆流による塩害で苦しめられてきたのである。
次項では、岩木川と十三湖の歴史にふれてみたい。

三　変容する湖　十三湖

これまで、津軽の宝物として岩木山を、次に津軽平野を挙げてきた。これに異論があったとしても、せいぜい順番が入れ替わる程度であろう。では三番目は、と問われると難しい。岩木川か十三湖か大いに迷う。両者とも甲乙つけがたく、そして密接な関係にあるからだ。津軽平野の成り立ちからしても不離一体の関係にある。しかし、私の〝推《お》し〟は十三湖だ。それは幼い頃にその大自然に包まれて遊び、時に自分の将来について思いを巡らせた、生涯忘れることのない思い出の地でもあるからだ。

(一) シジミ採りの思い出

十三の川が流れ込むことから、そうよばれるようになったといわれる十三湖。白神山地を源流とする岩木川は津軽平野を潤《うるお》し、やがて十三湖に注ぐ。津軽平野の新田開発において、岩木川と十三湖は、いわば一体の関係にあるといってよい。この岩木川のほかに、山田川、石川、三木川、馬鹿川《ばかがわ》、鳥谷川《とりやがわ》、薄市川《うすいちがわ》、今泉川などが津軽平野を豊かに潤し、旧・内潟村《うちがたむら》の村落を通って十三湖に流れ込んでいるのだ。

旧・内潟村は、明治二十二（一八八九）年、薄市《うすいち》村、尾別村、高根村、今泉村の四村が合併して誕生した。昭和三十（一九五五）年には、中里町、武田村と合併して中里町《なかさとまち》となった。その後、平成十七（二〇〇五）年の〝平成の大合併〟により旧・小泊村《こどまりむら》と合併して中泊町《なかどまりまち》となり現在に至っている。

旧・内潟村《うちがたむら》の歴史は古い。特に旧・薄市村の辺りは、十三湊《とさみなと》が繁栄した鎌倉時代から室町時

十三湖（提供：青森県観光情報サイト）

代にかけては十三湖の沿岸港となっていて、往時の繁栄ぶりは相当のものだったといわれる。また、私の生まれた中泊町今泉《いまいずみ》を流れる今泉川は、中山山脈の今泉山（二五四㍍）を源流とする切明川《きりあけがわ》、鍋越川《なべこしがわ》が合流し、十三湖に注いでいる。

今泉も鎌倉時代以前からの古村とされている。十三湖の水運を利用して、盛時《せいじ》の十三湊から越後、若狭方面へヒバを積み出すなど物資の集散地として賑わった。弘前藩時代には製鉄業（砂鉄精錬）の中心地でもあった。

また、今泉川流域は、昔から中山山脈を横断して往来する「道」でもあった。中世に活躍した地元豪族の安藤氏にとっても、海路のほかに外ヶ浜に通じる重要な「道」であったに違いない。後に、この「道」にはヒバの搬出のために森林鉄道が敷設され、中山山脈はトンネルで東西を行き来できるようになった。この廃線跡に整備されたのが現在の県道十二号、通称「やまなみライン」なのだ。

前述したように、中泊町今泉は私が生まれ育った故郷である。

十九歳で渡道する直前の三年間、私は中里《なかさと》営林署の作業員として、森林調査の助手や造林、植林などの作業に従事し、今泉山を駆け回っていた。今泉山の頂上からの眺望は抜群だ。津軽海峡を行き交う青函連絡船がハッキリと見渡せ、「あの船に乗ったら北海道に行ける。」「札幌にいる兄に会えるのだ。」そう思っていたことが懐かしい。

十三湖のシジミ（提供：青森県観光情報サイト）

中山山脈を貫通したトンネルを、トロッコで往来したことも忘れえぬ思い出だ。中山山脈を挟んだ両側の集落は、反対側の住人を「カゲの人」と呼んでいた。お互いが相手を「カゲ」と呼ぶのだが、決して自らを「カゲ」とはいわない。

十三湖はヤマトシジミの産地としても知られている。子どもの頃、親戚から小舟を借りて、友人らとともに今泉川を下って十三湖に入り、持ち上げられないほど叺《かます》いっぱいのシジミを採ったものだ。当時、村では十数軒の家が小舟を持っていた。村では、木材の切り出し、炭焼き、田畑の耕作など、多くが何かしらを兼業していたが、漁業を兼業している者は稀である。この小舟は趣味の釣りか、新田との往来のために使っていたのだ。

小学校六年生の夏、当時担任だった阿部季弘先生の誘いで、先生夫妻と友人三名とで小舟を出し、十三湖へシジミ採りに行ったことがある。シジミ採りというよりも、遊び半分のピクニックだった。湖面に飛び跳ねる「ボラ」を見ては歓声を上げ、女優さんのように美人な奥様の手作りの弁当を広げ、甘いジュースを飲み、今思い出すと、それはまるで映画のワンシーンのようでもあった。十三湖という大自然のなかで、はしゃいで楽しんだ子どもの頃の思い出だが、いま振り返ると、それは最高に贅沢なことだったのかもしれない。

というのも、今、十三湖ではそんな自由な遊びはできないのだ。

かつて、今泉や近隣の山村の人々にとって、十三湖のシジミ、ボラ、フナ、マスなどの魚介類は、日常的に採って食べるものであり、飯鮨《いずし》などにもして冬の貴重な栄養源になっていた。それは生業としての漁ではなかったのである。そのため、当時、今泉では漁業組合は存在していなかった。それが今では、シジミはもちろん、十三湖では何ひとつ獲ることは許されていないし、湖に入ることさえ許可が必要だという。漁業権の規制があるからだ。

かつての十三湖は、冬になると東側半分近くが氷結した。湖面が氷で覆われてしまうと、人々は物資をソリに乗せて対岸を往来することができたのである。また、十三湖に流れ込む岩木川は深く流れも速い。このため、夏でも深みにはまったら抜け出すことは難しく、場合によっては、溺れて助からない時もあった。そこには、危険と隣り合わせの人々の営みがあったのだ。

（二）幼き自分が立てた誓い

十三湖の東側、今泉の湖畔には吉田松陰遊賞《よしだしょういんゆうしょう》の石碑が建立されている。御影石に彫刻された揮毫《きごう》は、思想家で『吉田松陰』の著者でもある碩学《せきがく》、徳富蘇峰《とくとみそほう》である。吉田松陰は、嘉永《かえい》五（一八五二）年、友人の宮部鼎蔵《みやべていぞう》と、密かに北方防備の視察に訪れた際、秋田県の海岸を経由して、この地に立ち寄っている。松陰は、その時の心象を「真に好風景なり」と記したのだ。

子どもの頃、私はその場所が好きだった。その石碑のそばに立って、吉田松陰が見たであろう秀峰岩木山を眺めながら、また、その傍らに寝転がって流れる雲を見上げながら、

「我《わ》だば普通の人と違う。」

「絶対に偉くなって母親を楽にさせる。」

貧乏人の子倅《こせがれ》で、何の根拠もないが、そう思ったことだけは今もハッキリと脳裏に刻まれている。なぜそう思ったかは分からないが、強くそう思ったことだけは確かだ。病弱で薄幸で、可哀想に思えた母親を少しでも幸せにしてやりたい、そんな思いであったことは間違いない。

「自分は普通の人とは違う。」

「絶対違う…そうだ、そうだ。」

十三湖湖畔（写真撮影：三上洋右）

十三湖　吉田松陰遊賞の石碑（写真撮影：三上洋右）

何度も何度も自分にそう言い聞かせては頷いていた。それは、まるで自分に対して誓約を迫っているようでもあった。今、本書を認《したた》めながら、遠い昔日の思い出に引き込まれている。十三湖は、私にとって特別な場所なのだ。

十三湖は岩木川をはじめとした多くの川から注ぐ淡水と、日本海の海水が混ざり合った汽水湖《きすいこ》だ。青森県で三番目の広さを誇り、岩木川デルタ（三角州）と接して、昭和二十二（一九四七）年に完成した水戸口《みとぐち》によって日本海に通じている。最深部は三メートル、平均深度一・五メートルの潟湖《かたこ》である。

面積は、明治元（一八六八）年には四十二・三平方キロメートルであったが、デルタが前進したことや干拓事業により、現在では半分以下の十七・八二平方キロメートルに減少している。

十三湖は、渡り鳥の飛来地《ひらいち》としても知られる。浅瀬が広範囲に広がっていて、エサとなる魚や貝を啄《ついば》むのに適しているのだ。周辺にある耕作をやめた田圃《たんぼ》跡にはタニシやドジョウなどが豊富で、野鳥にとって貴重な餌場となっている。

「日本野鳥の会」が確認したところ、十三湖に飛来する渡り鳥はマガンなどのガン類が毎年三万羽前後で、白鳥は三千羽ほどだという。その年によって飛来数は変わるが、近年は減少傾向にあるそうだ。

十三湖の白鳥が天然記念物に指定されたのは、昭和三十五（一九六〇）年のことである。同じ年に天然記念物の指定を受けた平川市猿賀地区のサギと鵜が、飛来数の減少によりその指定を解除されたことを考えると、十三湖の渡り鳥の減少は気になる傾向である。

(三) 拡がる平野

司馬遼太郎が言う**「コメに偏執し、無理に無理をかさねた」**のは弘前藩ばかりではない。幕府は、米の生産量を基準として耕地に石高を割り当て、年貢として米を徴収することを財政基盤とした。このため、どこの藩も米を確保することが政策の基本となり、その最も重要な手段として耕地の拡大、すなわち新田開発が推進されたのである。

明治以降も国の主導による水田開発は進められた。士族の失業対策としての開墾も推進され、明治六（一八七三）年からの「地租改正」により、積極的な耕地開発が始められる。明治末から大正にかけては、深刻な不況と食糧不足によって、食糧自給と耕地拡大政策はさらに推進された。

ここで、十三湖と津軽平野の関係性をもう少し掘り下げてみたい。

十三湖が、津軽平野、岩木川とトライアングルの密接な関係であることは前項で述べたが、それは十三湖の変遷をみてもよく分かる。現在の十三湖は、周囲二十キロ、平均水深一・五メートルの浅い湖であるが、温暖であった縄文時代には、内陸部に大きく湾入する大湖「古十三湖」であったと推定されている。弘前藩が行った新田開発は、この「古十三湖」とよばれる時代には湖底だった場所なのだ。そのため水はけが悪く、開発は困難を極めた。では、弘前藩は具体的にどれだけの開発を行ったのか。

弘前藩の新田開発面積の推計は、次の通りである。

文禄元（一五七七）年の石高　約四万五千石。

慶応四（一八六八）年の石高　約三十一万七千石。

差し引き二十七万二千石、俵数に換算すると約六十八万俵だ。一反から十俵の米が収穫できると仮定して新田開発面積を推測すると、六万八千反、約六千七百五十ヘクタールを開発したことになる。

※一石＝一〇斗、一俵＝四斗↓一石＝二・五俵（一反＝九・九二アール＝〇・〇九九二ヘクタール）

弘前藩の新田開発は、津軽平野の南部から始まり、岩木川流域の治水工事に伴って北上していった。寛文年間（一六六一〜七三年）には、平野東部の現・五所川原市原子《はらこ》、岩木川中流の現・五所川原市、岩木山山麓の現・つがる市広須を結ぶラインまで開拓前線が延びている。その後、下流域の低湿地帯・十三湖付近の新田開発が推し進められ、その石高は、天保五（一八三四）年の検地帳に約六万一千石と記されている。この開発面積を推計すると約千五百ヘクタールとなり、これが最も困難を極めた開発だったのだ。

国土交通省東北地方整備局「岩木川水系河川整備計画」（二〇〇七年）によれば、津軽平野の面積は約十万ヘクタールで、そのうちの約六万三千ヘクタールが水田面積となっている。先の推計では、最終的な弘前藩の石高は約三十一万七千石、面積にして約七千八百六十㌶と推測され、差し引いた約五万五千百四十㌶が弘前藩以降、明治時代になってから開発されたことになる。ここで、十三湖の面積の推移と比較して考えてみる。

十三湖の面積は、明治初期に約四千八百八十二㌶であった。それが大正二（一九一三）年には約二千百五十五㌶に減少し、現在は約千七百八十二㌶となっている。この明治以降に減少した約三千百㌶は、国が主導した干拓事業により水田開発したもので、津軽平野に変容した面積である。

明治以降に開発された水田、約五万五千百四十㌶のうち、十三湖の減少分約三千百㌶を差し引くと約五万二千四十㌶となる。これは、弘前藩も手に負えなかった「古十三湖」の湖底だったところが大部分を占め、ごく一部が内陸部など他に開発された分ということになる。

つまり、国は明治以降も積極的に水田開発を続けているのだから、それは弘前藩だけでなく、わが国においては「米」の生産こそが国民の食を賄う重要政策であったことを如実に示している。そして、津軽地方で、その田地を供給し続けてきたのが、「古十三湖」と「十三湖」なのだ。

現在の津軽平野の原形は古く、中世の安藤氏の時代に遡《さかのぼ》るが、後を受けた弘前藩の新田開発は、後世においても貴重な遺産として受け継がれている。米を主食とする我が国においては、明治以降も水田開発を急ぐ以外に方法がなかったことも、また事実なのだ。

青森県で有名な「りんご」が導入されたのは明治初期のことで、このほかにも数多くの作物が作られるようになっていった。このことによって米が主産業であった津軽平野の耕地面積は飛躍的に拡大する。水を必要とする水田に対し、「りんご」や他の作物は丘陵地や傾斜地、沢地や山沿いまで利用できる。これまで見向きもされなかった土地が農地として活用できるようになったのだ。

岩木川と津軽平野、十三湖のトライアングルは、土地区画整理などによる農業改革で、国内有数の美田と、豊富な農産物を生産する実りの大地に変容した。津軽平野は日本農業の縮図でもあり、それは司馬が言う**「無理に無理をかさねた」**からこその成果なのかもしれない。

（四）十三湖が最も輝いた時代

私が子どもの頃、十三湖は「十三潟《じゅうさんがた》」とよばれていた。もともと日本海への開口部「三戸口《みとぐち》」では、十三側と相内《あいうち》側を渡し舟でつないでいた。それが昭和三十四（一九五九）年、当時、地元の代議士で旧建設省政務次官だった三和精一氏の尽力により、水戸口付近に木橋の「十三橋《じゅうさん》」が架けられた。それから十三湖と呼ばれるようになったと記憶している。この木製の橋も、昭和五十四（一九七九）年には現在の「十三大橋《じゅうさんおおはし》」という立派な橋に架け替えられている。

その十三湖が最も輝いたのは、安藤氏が日本海を舞台に活躍した時代であったに違いない。そ

十三湊　遺跡（提供：青森県五所川原市）

れは、拙著『蒙古の子守唄』に詳述したが、安藤氏が十三湊《とさみなと》を拠点としていた中世鎌倉時代、十三湖は、津軽と各地を結ぶターミナルの役割を果たしていたからだ。十三湖と十三湊は運命共同体であった。

文保年間《ぶんぽう》（一三一七〜一八年）頃の作と思われる『十三往来《とさおうらい》』。十三湖北岸の山王坊付近にあった阿吽寺《あうんじ》の僧・弘智《こうち》が記したとされるこの書では、十三湊の繁栄を**「夷船京船群集し、舳先を並べ、艫《とも》を調《ととの》え湊市を成す」**と記されている。この描写は必ずしも誇張ではない。

鎌倉時代末期の十三湊は、京の都の船だけではなく、夷地（現・北海道）の船もひしめき合い、交易によってもたらされた上方の文化を持つ、北日本の一大中心地として繁栄した。また、室町時代の文明年間《ぶんめい》（一四六九〜八七年）のものとされる日本最古の海洋法規集『廻船式目《かいせんしきもく》』でも、十三湊は日本の十大港湾（三津・七湊）のひとつとして挙げられている。

さらに、京と蝦夷を結ぶ中継点であるとともに、高麗船も出入りする国際港でもあった。十三湊の遺跡からは、良質な中国陶器が多数出土していることから、水運に長けた安藤氏は朝鮮半島から中国大陸、さらには東南アジアまでにも交易ルートを広げていたともいわれている。

十三湊の繁栄は十三湖の繁栄でもあった。十三湊を拠点とし、日本海から十三湖、岩木川などの舟運《しゅううん》で人や物資が往来したのだ。いつの時代もそうだが、人々にとって最も大切なのは衣・食・住を満たすことである。内陸の津軽平野で生産された「米」や「ワラ製品」をはじめとする産物は、岩木川や今泉川から十三湖を通じて十三湊に集荷され、京の都や鎌倉などへ運ばれるのである。煮炊きや暖を取るための燃料となる「木炭」も、津軽半島山間《やまあい》の今泉などで製炭され、同様に運ばれた。逆に、京の都や上方から届く物資は、舟運のこのルートで津軽に運ばれたのである。

それは、出船入船で活況を呈した十三湖が、最も輝いた時代である。

第六章　三つの津軽

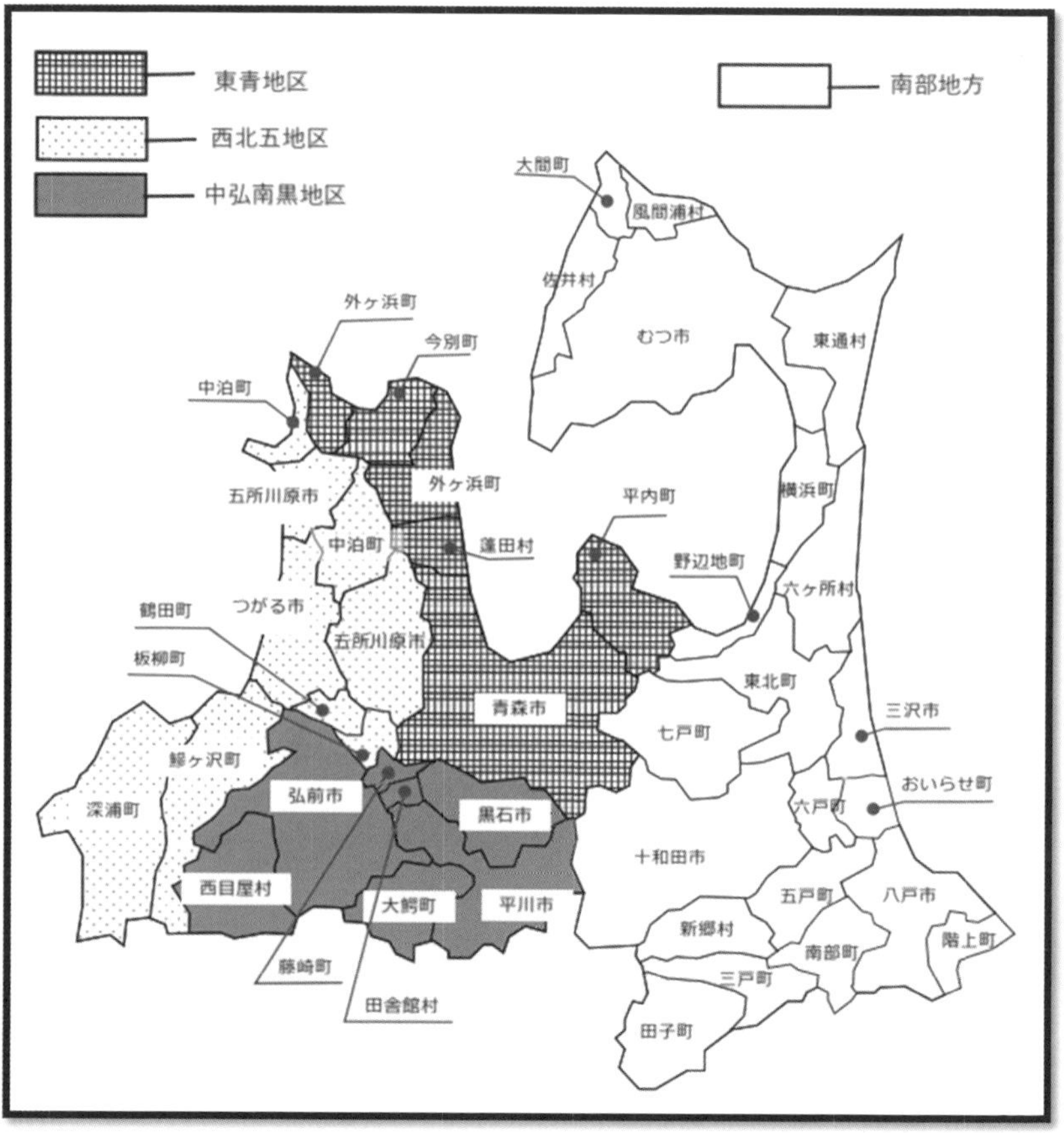
東青地区
西北五地区
中弘南黒地区
南部地方
大間町
風間浦村
佐井村
むつ市
東通村
外ヶ浜町
今別町
中泊町
外ヶ浜町
五所川原市
平内町
横浜町
中泊町
蓬田村
野辺地町
六ヶ所村
つがる市
鶴田町
五所川原市
板柳町
東北町
青森市
三沢市
七戸町
鰺ヶ沢町
おいらせ町
弘前市
深浦町
黒石市
六戸町
十和田市
西目屋村
大鰐町
平川市
五戸町
八戸市
新郷村
階上町
南部町
三戸町
藤崎町
田舎館村
田子町

三つの津軽

青森県西部の津軽地方は、一般的に次の呼称で呼ばれる三つの地域で構成される。青森市を中心にした北東部の「東青地区《とうせい》」、五所川原市を中心にした北西部の「西北五地区《せいほくご》」、弘前市を中心にした南部の「中弘南黒地区《ちゅうこうなんこく》」だ。この三つの地域はそれぞれ、その地域特有の歴史と文化をもっている。

一　東青地区

(一) 中山山脈の恩恵と苦難

東青《とうせい》地区は、青森市と東津軽郡(外ヶ浜町《そとがはままち》、今別町《いまべつまち》、平内町《ひらないまち》、蓬田村《よもぎたむら》)の一市四町村で構成される「東青津軽」ともよばれる地域圏だ。

そのうち外ヶ浜町は、津軽半島最北端の龍飛崎から、今別町を挟み平舘《たいらだて》海峡を経て蓬田村に至る津軽半島の北東部に位置する。人口約五四〇〇人の町で、平成十七(二〇〇五)年三月、蟹田《かにた》町、平舘《たいらだて》村、三厩《みんまや》村が合併して誕生した。

町域は、旧・蟹田町、旧・平舘村の部分と、旧・三厩村の部分に二分されており、今別町を挟

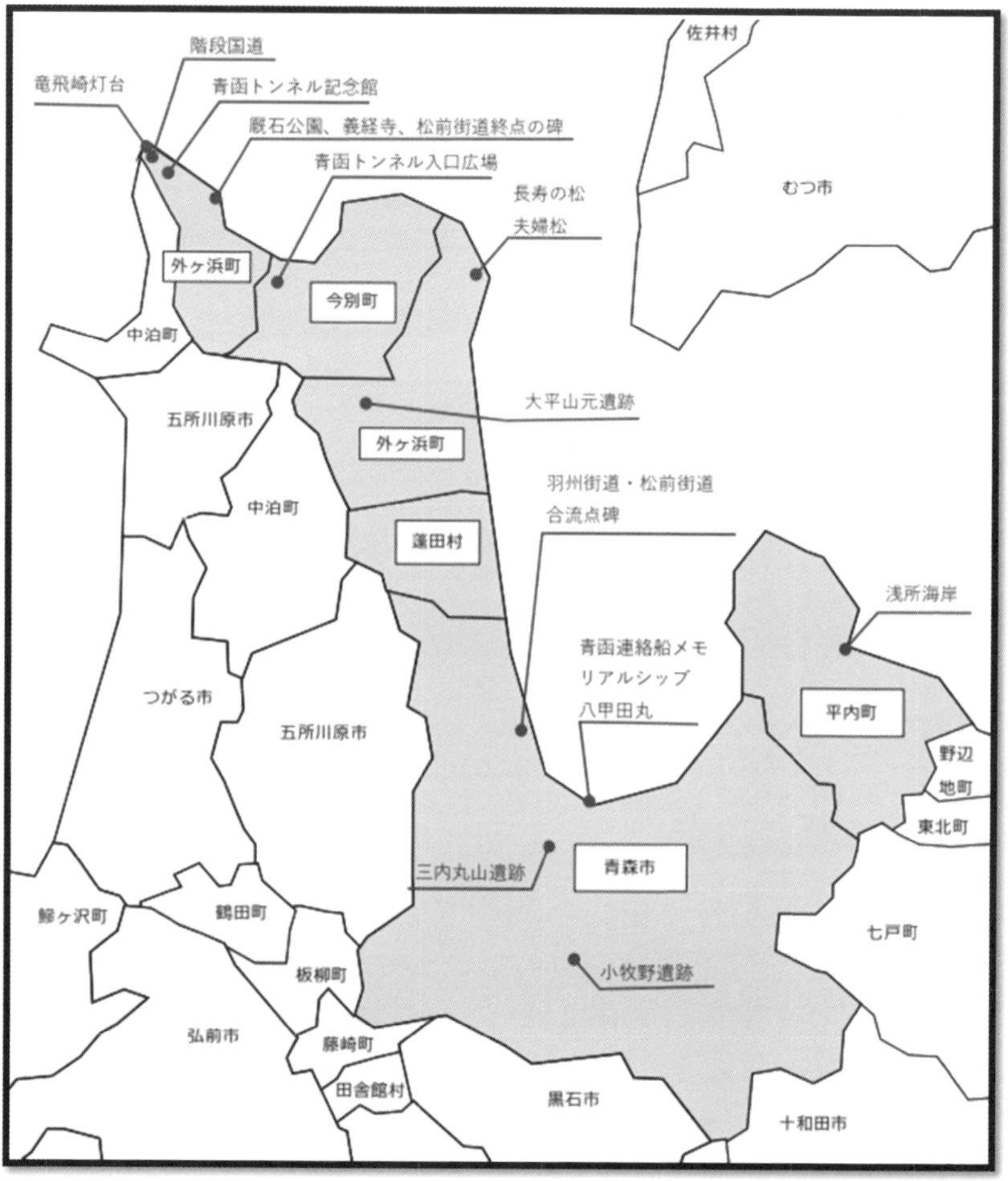
階段国道
竜飛崎灯台
青函トンネル記念館
厩石公園、義経寺、松前街道終点の碑
青函トンネル入口広場
長寿の松
夫婦松
佐井村
むつ市
外ヶ浜町
今別町
中泊町
五所川原市
大平山元遺跡
外ヶ浜町
中泊町
羽州街道・松前街道
合流点碑
蓬田村
浅所海岸
青函連絡船メモ
リアルシップ
八甲田丸
つがる市
五所川原市
平内町
野辺
地町
東北町
三内丸山遺跡
青森市
鰺ヶ沢町
鶴田町
七戸町
板柳町
小牧野遺跡
弘前市
藤崎町
田舎館村
黒石市
十和田市

東青地区

トゲクリガニ（提供：青森県観光情報サイト）

んだ飛び地となっている。前者は陸奥湾の平舘海峡に面しており、後者は津軽海峡に面していることから漁業が盛んである。

実は、「外ヶ浜」の地名は平安時代末期の古書にも現出し、この辺り一帯は、中世に活躍した地元豪族、安藤氏の活躍の舞台となった土地でもある。いわゆる〝平成の大合併〟によって由緒ある地名が復活したのだ。

青森県の特産品として有名な「トゲクリガニ」は、旧・蟹田町が産地だ。資源保護のため、漁期は四月下旬から五月上旬のわずか十日間に限定されている。そのため、時期になると注文が殺到するという。同じクリガニ科の「毛ガニ」よりも少し小ぶりだが、濃厚な風味の「カニミソ」は毛ガニ以上に美味しいともいわれる。「蟹田」の地名は、この「トゲクリガニ」に由来する。

小説『津軽』では、蟹田を訪れた太宰治が、中学生時代唯一の友人であったN君の家を訪ねた際、好物のカニを賞味しつつ一晩飲み明かしたことを、

「おそらくは、けさ、この蟹田浜からあがったばかりの蟹なのであろう。もぎたての果実のように新鮮な軽い味である。私は、食べ物に無関心たれという自戒を平気で破って、三つも四つも食べた。」

と記している。それほど「トゲクリガニ」は美味しい。

十年以上前のことだが、北津軽郡金木町（現・五所川原市）出身で、長い間東京で仕事をしている友人の奈良威氏に誘われて五所川原市を訪れたことがある。その際、「さわらび」という料理店で食したのがこの「トゲクリガニ」だった。奈良氏の同級生で五所川原市の市議会議員F氏が、私のためにと用意してくれた。その味たるや、一度味わったら忘れることのできない逸品だ。

この蟹田からは、平館海峡を挟んだ向かい側、むつ市脇野沢までを、わずか六十分で結ぶ「むつ湾フェリー」が就航している。津軽半島と下北半島を一日二往復するこのカーフェリーは、見どころが多い両半島を巡る旅には大変便利だ。

また、蟹田から県道十二号の鰺《あじ》ヶ沢蟹田線、通称「やまなみライン」を車で西へ向かうと、

十五分ほどで日本最古の「大平山元遺跡《おおだいやまもと》」に至る。約一万六千年から一万五千年前の旧石器時代の後期から、縄文時代初頭にかけての遺跡で、平成二十五（二〇一三）年三月に史跡指定され、令和三（二〇二一）年七月には「北海道・北東北の縄文遺跡群」として世界文化遺産に登録された。

「やまなみライン」をさらに西へ向い、中山山脈を越えると日本海側の十三湖に辿《たど》り着く。その辺《ほと》りが中泊町今泉、私の故郷だ。

この蟹田と今泉を結ぶルートは、かつて安藤氏が活躍した時代から、日本海側十三湖から陸奥湾に至る重要な「道」であった。これは、中山山脈の標高が五百㍍から七百㍍と低かったことから比較的山越えが容易だったのである。このルートに明治時代には「津軽森林鉄道」が敷設《ふせつ》され、その廃線とともに、県道「やまなみライン」に生まれ変わった。

中山山脈の標高の低さは人や物資の往来に便利であった一方、筆舌に尽くし難《がた》い苦難の歴史もまた実は、その標高によるものだ。

オホーツク海の高気圧から時計回りに吹き出す風が、北の海洋上の冷たく湿った空気を東北地方に運び、標高の低い中山山脈を難なく越える。これが津軽地方一帯を何世紀にも渡って苦しめてきた。冷害に凶作、そして「けかち（飢饉）」をもたらす「山背」だ。

太宰治も小説『津軽』の中で、蟹田の友人N君から見せられた、津軽凶作の年表を目にして、

「津軽の人でなくても、この年表に接しては溜息をつかざるを得ないだろう。（中略）現在までの約三百三十年の間に、約六十回の凶作があったのである。まず五年に一度ずつ凶作に見舞われているという勘定になる」

と嘆き悲しんでいる。（「山背」については別項に詳述）

現在は豊かな農業地域を形成している津軽には、不利な自然条件と戦いながらも、それを克服してきた先人たちの過酷な歴史がある。

（二）移り変わる海の主役

外ヶ浜町の二分された（飛び地）町域のうち、東津軽郡の北西、津軽半島の北端に位置するのが旧・三厩村地区だ。龍飛崎《たつひざき》は、その最北端に位置する津軽海峡に突き出た岬である。西は日本海、北は津軽海峡、さらに東は陸奥湾と三方を海に囲まれ、強い海風が吹くところから「風の岬」という異名がつけられている。

石川さゆりのヒット曲『津軽海峡・冬景色』に代表されるように、多数の歌謡曲に登場することでその名は知られている。突端には津軽海峡のシンボルでもある白亜円形の龍飛埼灯台があり、

青函トンネル記念館ケーブルカー（提供：青森県観光情報サイト）

その周囲には太宰治文学碑や、吉田松陰碑など数々の石碑がある。また、国道でありながら日本で唯一、車の往来ができない「階段国道（国道三三九号）」も有名だ。また、青函トンネル記念館では、ケーブルカーに乗って地下坑道をめぐる体験ツアーをはじめ、構想から完成までの様々な資料と立体モデルなどが展示されていて、青函トンネルをダイナミックに体験できるのである。

　この龍飛崎について、雨交じりの強風のなかを龍飛に向かっていた太宰治は、小説『津軽』において、

「不意に、鶏小舎《とりごや》に頭を突っ込んだ。（中略）
ここは、本州の袋小路だ。読者も銘肌《めいき》せよ。
諸君が北に向って歩いている時、その路をど

こまでも、さかのぼり、さかのぼり行けば、必ずこの外ヶ浜街道に到り、路がいよいよ狭くなり、さらにさかのぼれば、すぽりとこの鶏小舎に似た不思議な世界に落ち込み、そこに於《お》いて諸君の路は全く尽きるのである。」

と記した。

厳しい風雨に耐えるかのように、ひとかたまりになって建つ集落の小さな家々を見て、太宰はそれを「鶏小舎」と例えたのだ。そんな龍飛崎も、現在では津軽海峡と北海道を眺望できる、多くの名所や見どころを備えた観光スポットとして、多くの人々で賑わっている。

外ヶ浜町三厩地区は、集落が海岸線に張り付くように点在していて、かつては毎年夏になると、「天然マコンブ」が浜辺いっぱいに天日干される景色が広がっていた。旧・三厩村は「天然マコンブ」の名産地として知られ、古くから北前船によって、京都や大阪に運ばれていた。しかし、三十年ほど前から漁獲量は減り続け、今ではコンブ漁に携わる人はいないという。

この三厩地区と平舘地区、今別町の海域では、古くからコンブ漁が盛んであったが、近年は不漁が続いているという。「マコンブ」は、海水温が一定の水温以下でなければ成長しないことから、地球温暖化が影響していると思われる。

「天然マコンブ」が衰退する一方で、近年、注目を集めるようになったのが〝黒いダイヤ〟とよばれる高級魚「天然本マグロ」だ。日本海と太平洋を結ぶ津軽海峡は、黒潮、対馬海流、千島海流の三海流が流れ込むため、たくさんのプランクトンが生息している。この豊富なプランクトンが良質な漁場をつくりだしているのだ。

とりわけ、「大間《おおま》マグロ」は、今では全国的な有名ブランドだが、龍飛や三厩の沖でも昔から本マグロは釣れていた。大間の漁船が龍飛崎周辺で釣り上げ、大間漁港に水揚げすれば「大間マグロ」となる。釣った場所ではなく、水揚げされた港によってその名は決まる。令和六（二〇二四）年一月五日、東京・豊洲市場の新春恒例初競りで大間産マグロが一億円を超える高値で落札された。その落札者は札幌がルーツで、私が日頃お世話になっている方のご子息が経営する鮨店「銀座おのでら」である。

大間マグロ
（提供：青森県観光情報サイト）

三厩地区と北海道福島町との間には、かつて青森商船（現・東日本フェリー）がカーフェリー「三福航路」を運航していた。当時、青函連絡船では四時間かかるところを、二時間で北海道に渡れるというので、帰省の復路、少しでも早く札幌に到着できればと思い利用したことがある。ところが、それはフェリーというより、タグボートを大きくしたような船だった。津軽海峡の波は荒い。船は揺れに揺れ、航海の二時間は倍の長さにも感じられた。さらに、福島町から札幌へ向かう国道五号に合流するまでが遠いのだ。三時間はたっぷりかかったのである。

このように、かつては北海道と結ばれていた三厩地区であるが、それは近年に限ったことではない。〝義経伝説〟では生き延びた源義経が北海道に渡ったとされているのが、ここ三厩なのである。そして、三厩地区と青森市を結ぶ国道二八〇号は「松前街道」と呼ばれる。江戸時代、参勤交代を行う松前藩は、三厩の港に上陸し江戸を目指してこの街道を通ったことから、そうよばれている。三厩港は、蝦夷地と江戸をつなぐ中継地点であり本州の北の玄関口であった。

（三）松前街道

津軽半島の龍飛崎から三厩湾に沿って南下するとＪＲ津軽線の終点、三厩駅がある。松前街道とは、その三厩地区から半島東部の平舘《たいらだて》海峡を過ぎ、陸奥湾沿いに青森市油川《あぶらかわ》へ至る約百二十キロメートルのルートである。その大半を占める現在の国道二八〇号は江戸時代、北海道へ渡る重要な交通路であり、松前藩が参勤交代で通ったことから、松前街道と呼ばれている。

松前街道（提供：青森県観光情報サイト）

松前街道終点之碑
（写真撮影：三上洋右）

羽州街道・松前街道合流点碑
（写真撮影：三上洋右）

夫婦松
（写真提供：青森県外ヶ浜町）

長寿の松
（写真提供：青森県外ヶ浜町）

起点となる青森市油川には、津軽の銘酒「田酒《でんしゅ》」「喜久泉《きくいずみ》」「善知鳥《うとう》」の蔵元「西田酒造店」前に「羽州街道・松前街道合流点牌」がある。そして、外ヶ浜町三厩《みんまや》の厩石公園《まやいしこうえん》にあるのが「松前街道終点之碑」である。

街道沿いには、平泉を脱出した源義経が北海道へ渡ったという〝義経伝説〟をはじめとする歴史的資源が随所に残され、幕末期には外国船が津軽海峡や陸奥湾にも出現したことから、当時の弘前藩が築いた砲台跡も各所に見ることができる。

また、外ヶ浜町平舘地区の街道には、樹齢三百年の黒松が一キロメートルあまりにわたって続く松並木があり、なかでも樹齢六百年の「長寿の松」と、樹齢四百年の黒松に樹齢三百年の赤松が寄り添う「夫婦松」が威容を誇っている。このように平舘地区は、歴史情緒あふれる松並木と台場跡の双方が印象的な地域だ。この松並木は、長年にわたり津軽の人々を苦しめてきた「山背《やませ》」といわれる冷害から作物を守るために、日本海側の七里長浜（つがる市）と同様、弘前藩が植林したものである。

いにしえの面影を色濃く残す松前街道は、平成二十八（二〇一六）年に、新日本歩く道紀行推進機構の「新日本歩く道紀行一〇〇シリーズ」に認定されている。

松前街道のように、北海道との縁が深いにも関わらず、多くの札幌市民には比較的遠い印象がある津軽だが、実は札幌には津軽をルーツとする著名人が多数見受けられる。ドラックストアや調剤薬局を全国的に展開するアインホールディングス代表取締役社長の大谷喜一氏もそのうちの一人だ。ある会合で、大谷氏の先祖が松前街道沿線の平舘村（現・外ヶ浜町）出身だと分かり、その後、津軽が縁で交流が深まっている。

ある会合とは、札幌で若手経営者の研修の場でもある「経営未来塾」を主宰する元衆議院議員の長内順一氏と、元北海道銀行頭取の堰八《せきはち》義博氏と私とで会食した時のこと。偶然にも長内氏が西津軽郡木造町（現・つがる市）、堰八氏が南津軽郡藤崎町、私が北津軽郡中里町（現・中泊町）出身で、津軽をルーツとする者同士だったのである。その会食の席で、長内氏のもとに大谷氏から電話があり、大谷氏のルーツが東津軽郡平舘村（現・外ヶ浜町）ということが分かった。

奇しくも、津軽の東・西・南・北にルーツを持つ者同士が揃ったのである。以来、「津軽会」と称し、年に一、二回集まり親交を深めている。

ちなみに、大谷氏の弟君が、先祖伝承の系図を作成し、ルーツである津軽に関しての知識も豊富で熱心だとのことであった。

(四) 義経とチンギス・ハーンの大陸伝説

松前街道の北端、外ヶ浜町の厩石公園《まやいしこうえん》に建つ「松前街道終点之碑」後方の丘陵に、三厩湾を見下ろす巨岩がある。その片隅に、義経伝説の義経寺《ぎけいじ》はある。源義経は奥州平泉で自刃《じじん》したといわれている。それが定説である。しかし、ここ三厩では、義経は死んだことにはなっていない。

源頼朝に追われ北へと逃げ延びた義経一行だが、たどり着いた龍飛崎から北海道へ渡ろうとするも海は荒れ狂い、その行く手を阻んだ。そこで、荒波を鎮めようと巨岩「厩石《まやいし》」の上に座し三日三晩観音像に祈ると、羽を持つ三頭の龍馬が現れ、その馬に乗り津軽海峡を越え、北海道へ渡って行ったことになっているのだ。

義経寺はその伝説が残る寺であり、「厩」は馬屋のことを表す言葉で、三厩という地名の由来になったと伝えられている。

義経の死後八百年以上経った今でも、岩手県、青森県の各地には義経ゆかりの地があり、逸話

厩石公園（写真提供：青森県外ヶ浜町）

義経寺１（写真撮影：三上洋右）

義経寺２（写真撮影：三上洋右）

も数多く残されている。それはどうしてか。そこには、源義経を英雄として愛惜し、なんとしても生かしてやりたい、逃がしてやりたいという、弱者に同情する日本人特有の気質が込められている。それが、「判官贔屓《ほうがんびいき》」の語源である。判官とは中世の官職名のひとつで、当時、義経はその職にあった。前述したように、それが転じて弱者に対する同情や肩入れすることを「判官贔屓」と言うようになったのである。

義経伝説は各地に伝わるが、一説によると北海道へ渡った義経は、その後、さらに大陸へと渡って、元《げん》（モンゴル）の太祖であるチンギス・ハーンを名乗った。そして、九州の対馬、博多への二度に及ぶ蒙古軍による「元寇」は、チンギス・ハーンの子孫フビライ・ハーンが行った鎌倉幕府に対しての仕返しであったと伝えられている。私も、子どもの頃からその話を聞かされて育った。しかし、それはあくまでも伝説として受け止めていたのだが、最近、にわかに真実味を帯びた話として話題になっている。

義経が生き逃れたという説は、江戸時代の初期からあったようだ。儒学者の林羅山《はやしらざん》や、朱子学者の新井白石《あらいはくせき》、さらには水戸藩主の徳川光圀《とくがわみつくに》も義経は蝦夷に渡ったという説を記している。こうした説は、さらに飛躍して大陸へと渡ることになるのだが、義経＝チンギス・ハーン説を最初に唱えたのは、日本人ではなく江戸時代後期に来日したドイツ人医師シーボルトだった。シーボルトは、新井白石らが記した資料に独自の解釈を加えて、チンギス・ハーンは義経であると結論付けている。

その理由のひとつは時系列の一致である。義経が死んだとされる文治《ぶんじ》五（一一八九）年以降、突如としてチンギス・ハーンが歴史の舞台に躍り出ていること。また、チンギス・ハーンは、中国やモンゴルになかった「長弓」を得意としていたが、これは義経が持ち込んだものと考えた。さらに、チンギス・ハーンは即位の礼で九本の白旗を立てたが、源平合戦では源氏の旗印も白旗であったことなどを根拠としている。

そして、大正末期には小谷部全一郎《おやべぜんいちろう》の『成吉思汗ハ源義経也』が大ベストセラーになった。小谷部は、①モンゴル族の紋章と源氏の家紋である「笹竜胆《ささりんどう》」の外観が非常に似ていること、②チンギス・ハーンは別名を「クロー」と称したが、これは義経の官職である「九郎判官」に由来するのではないか、③国名の「元」は「源」に通じる、等々の根拠を示し、チンギス・ハーンが義経にほかならないと結論づけている。

このように、人々の「判官贔屓」の思いと希望をのせて、義経＝チンギス・ハーン説は広く受け入れられていったが、それも戦前までのことで、戦後はすっかり影を潜めていた。ところが近年、歴史家で美術史家である東北大学名誉教授の田中英道氏が、義経＝チンギス・ハーン説の再評価に取り組み、話題を集めているのである。

その真偽はさておき、源義経は津軽に逃れ北海道に渡る。さらに大陸に渡って「元」の太祖・

チンギス・ハーンとなり、その子孫のフビライ・ハーンが二度にわたり九州・対馬を襲う、いわゆる元寇（蒙古襲来）である。そして、この侵攻から逃れて対馬を脱出した島民たちは、十三湊を拠点としていた安藤水軍に救助され、津軽に逃れて土着した。その一族が、自分たちが住んでいた島から「対馬」あるいは「津島」を姓として名乗った。この歴史ミステリーは、拙著『蒙古の子守唄』に詳述しているので、ぜひご覧いただきたい。

津軽から北海道、そしてはるかユーラシア大陸を巡って、また津軽へと帰ってくる、この壮大な歴史のロマンは、多くの人々を魅了するに違いないと思うのである。

（五）新幹線がきた町

今別町《いまべつまち》は、津軽半島北端に位置し、外ヶ浜町の旧・三厩村と旧・平舘村に挟まれた、人口約二千人の小さな町だ。その美しい海岸線は津軽国定公園に指定され、とりわけ「袰月《ほろづき》海岸」は、息をのむような青い海に断崖が迫る絶景で、津軽海峡の向こうには、遠く北海道を望むことができる。

外ヶ浜町が誕生した合併協議では、当初、旧・蟹田町、旧・三厩村、旧・平舘村に加え、今別町もそれに積極的であったという。ところが、役場の所在地を巡って、今別町は旧・蟹田町と競

青函トンネル入口広場（提供：旅東北ホームページ）

うようになる。旧・三厩村と旧・平舘村は、陸奥湾沿いの旧・蟹田町に役場を置くことに賛同したが、今別町はそれに納得しなかった。僅差ながら人口が多い上に、十年後の新幹線の開業を見据え、新幹線駅が新設される我が町こそ役場所在地に相応しいと主張した。蟹田町も、旧庁舎が新築間もないこともあって一歩も譲らない。かくして、旧・蟹田町、旧・三厩村、旧・平舘村は、今別町を挟んだ飛び地合併となり外ヶ浜町は誕生した。

今別町は三厩湾に向かって傾斜した半すり鉢形状の地形で、今別川が町の中央部を縦断するように流れる。海岸線を走る国道二八〇号沿いの砂ヶ森地区には、赤銅色の巨石、「赤根沢《あかねざわ》の赤岩」が鎮座する。

この付近は良質な赤土の産地で、その名のとおり真っ赤な石は、弘前藩時代には赤の顔料「ベンガラ」（弁柄、紅殻とも表記）の原料として採掘が行われていた。それは、領内の神社仏閣の塗料として使用され、岩木山神社の大堂や山門などの修復などにも用いられた。とりわけ、三代将軍・徳川家光の時代、日光東照宮の塗料に使われたことで一躍有名になり、弘前藩はこの赤岩を大阪まで搬出していたことが記録に残されている。こうした歴史を今に伝える「赤根沢の赤岩」は、昭和三十（一九五五）年、青森県の天然記念物に指定された。

そんな今別町が全国的に一躍有名になったのは、平成二十八（二〇一六）年、北海道新幹線停車駅「奥津軽いまべつ駅」が開業し、本州と北海道を結ぶ「青函トンネル」の出入り口の町になったからである。

（六）同期会と友人

今から六、七年前のこと、中学校時代の同級生の女性三名が、「さっぽろ雪まつり」を見物に訪れた際、新幹線に乗って来札している。当時、「奥津軽いまべつ駅」を利用したことがなかった私はうらやましく思ったものだ。この同級生の三名が「さっぽろ雪まつり」を見物に来た経緯について、少しばかりふれてみたい。

私の中学校時代の同級生は、男女合わせて八十名であった。私の学年である昭和二十年生まれと二十一年早生まれは、終戦の年であったことから極端に出生数が少ない。私たちの学年だけ人数が少なく、学校ではいつも劣勢だった。しかし、逆にそのことが強い団結心を育んだのかもしれない。学校内でも、まとまりの良い学年として評判であった。

そんな中学校時代の三年間はあっという間に過ぎ、昭和三十六年春に卒業式を迎えた。団結心が強かった分、別れを惜しむ寂しがり屋も多かった。そのせいか、卒業した翌年から毎年必ず同期会が開かれた。同期会は私が札幌市民になる直前まで続いたが、毎回幹事は、〝言い出しっぺ〟で地元に残った私と決まっていた。ということは、その寂しがり屋は実は私自身なのである。ピュアな年頃であった。

十九歳の春、札幌市民となった私はタイル張りの職人になるべく、「見習い」としてそのスタートを切った。仕事を覚えるのに無我夢中の毎日だ。とても津軽海峡を越えて同期会を開催できる状況ではなかった。それでも三年に一度、帰省した時には、声をかけられる範囲で集まっては近況を語り合い、その後も、例えば「厄年」でさえ理由にかこつけて同期会を開いていた。この様子は、上級生や下級生たちに大いに羨ましがられた。否、むしろ度が過ぎると呆れられていた。

最も盛会だったのは、還暦を迎えた年に初めて一泊で開催した時だ。会場となったのは柏《かしわ》村（現・つがる市）にある村営の温泉付き宿泊施設「柏ロマン荘」だった。この時の幹事は、当時、地元で小学校の校長をしていた青山孝雄氏が担ってくれた。全国に散っていた同期生の住所を探すのには相当苦労したようだ。あれからずいぶん時間が過ぎてしまったが、紙上を借りてお礼を申し上げたい。

ところで、この同期会の時ほど、我が同期女性陣のたくましさと強さを見せつけられたことはない。それまでの同期会とは様変わりして、宴を盛り上げ、笑いを誘っていたのは常に女性陣だった。後日談によると、翌日も五、六人で近くの温泉宿に宿泊したとのことである。男性陣にはそんな行動力はない。前述の、雪まつり見物に来たのは、そのメンバーのなかの三名だ。いずれも夫に先立たれた悲しみを乗り越え、昔日の「大和なでしこ」のごとく生き生きと輝いていた。それに比べて男性陣はシュンとして見えた。同期会の折に、男女双方に「さっぽろ雪まつり」への誘いをしたのだが、実際に札幌へやって来たのは、この女性三名である。

かくして、「奥津軽いまべつ駅」から北海道新幹線に乗り、「さっぽろ雪まつり」見物が実現したのである。この時の様子については紹介したいエピソードも多くあるのだが、それは次の機会に譲ることにしたい。ただ言えることは、津軽でも札幌でも、本当に強くて頼りになるのは女性だということだ。それは、これまで何回もの選挙を戦ってきた我が身を振り返っても、心底そう思うのだ。

「奥津軽いまべつ駅」に隣接する、道の駅「いまべつ半島プラザアスクル」は、今別町をはじめ、近隣町村の特産品やお土産などの品揃いが豊富で、観光客に人気の施設だ。私は、これまでも数年に一度はレンタカーを借りて故郷巡りをしていた。最近では、一年で数回のペースに格上げして訪れている。そんななかで以前、札幌の友人を案内して津軽半島を一周したことがある。その時、「いまべつ半島プラザアスクル」で買い求めたのが「タケノコの瓶詰」と「いまべつ牛」だった。このお土産がなかなか好評で、次に今別町を訪れた時も同じ品物を買い求めに立ち寄った。

有名な「今別昆布」をはじめ、モズクなどの海の幸が豊富な今別町ではあるが、基幹産業はむしろ農業で、米、畜産、野菜などの複合経営を行っているのが特徴だ。そのため、地元で採れた新鮮な海の幸に加えて、「いまべつ牛」などの特産品や、その加工品が店頭に並ぶことから人気を集めている。

北海道新幹線は、現在、札幌までの延伸工事が急ピッチで進められている。開通すると私の故郷はさらに近くなる。新幹線に乗って、「タケノコの瓶詰」と「いまべつ牛」を買い求めに行ける日は近い。

(七) 米の村とホタテの町

蓬田村《よもぎだむら》は、東津軽郡南部に位置し、青森市に接した人口約二千三百人の小さな村だ。西は中泊町、五所川原市に、北は外ヶ浜町にも接している。

古くは陸奥国津軽郡外ヶ浜部に属し、南北朝時代には松前街道に沿って集落を形成していた歴史の古い地域である。弘前藩時代は、津軽郡田舎庄後潟組《いなかのしょううしろがたぐみ》に属し、明治二十二（一八八九）年の町村制施行により蓬田村となった。

陸奥湾に面しているものの漁業は振るわず、わずかにホタテ養殖が行われている。主産業は、広瀬川、瀬辺《せへじ》地川、阿弥陀川などの豊かな農業用水を利用した稲作だ。広大なる豊沃な美田を擁し、上磯地域（外ヶ浜町・今別町・蓬田村）の〝米倉〟ともよばれるが、その地形から「山背」の影響を受けやすい地域でもある。稲作のほかにも、トマトやホウレンソウの栽培、蓬田牛、採卵養鶏にも力を入れている。海岸線沿いにはJR津軽線が走り、経済圏は隣接する青森市にほぼ包含されている。早晩、隣接自治体との合併は余儀ないものと思われたが、〝平成の大合併〟にも取り残された歴史の村だ。

一方、青森市中心部から青森湾沿いに進み、浅虫《あさむし》を抜けると陸奥湾に突き出た夏泊《なつどまり》半島に至る。そこに**平内町**《ひらないまち》はある。人口は約一万二百人で、江戸時代には黒石藩の飛び地として盛岡藩と隣接していた。そして、南部領との境界地でもあった。

平内町は、陸奥湾の豊かな資源を背景に漁業が盛んだ。「獲る漁業からつくり育てる漁業」を推進した平内町は養殖ホタテ発祥地で、その生産量は全国一位、青森県全体の約半分を生産する

浅所海岸　白鳥（提供：青森県観光情報サイト）

までに至る。まさに〝ホタテ大国ひらない〟と言えよう。夏泊半島東側基部に位置する浅所《あさどころ》海岸は、古くから白鳥の飛来地として知られている。この浅所海岸を基点とする夏泊半島一帯は、世界的にも珍しい白鳥の群集地帯で、昭和二十七（一九五二）年に特別天然記念物に指定されている。遠浅の海岸には、毎年十月中旬頃になると、遠くシベリア方面から白鳥が渡来し、三月下旬頃まで羽を休める。その間、白鳥とのふれあいが楽しめるのだ。

このほか、日本プロゴルフ選手権大会が開催されたこともある名門ゴルフコース「夏泊ゴルフリンクス」や、夜越山《よごしやま》スキー場などもあり、自然・レジャー・観光施設も多い町だ。

私の後援者にはゴルフ好きが多く、「青森と言えば、有名な夏泊ゴルフリンクスで、ぜひともプレーしてみたい」との声もあって、一度だけ役員同士で訪れたことがある。バンカーの縁が高くて深い「アリソン・バンカー」が多く、これにハマったらなかなか抜け出すことができない難コースだが、それがスリリングでもあり楽しむことができたのだ。

（八）弁論大会

私は、平内町に忘れられない思い出がある。それは今から六十年以上も前、私が十七歳の時の出来事だ。

中学校を卒業した私は、家庭の事情で高校への進学を諦め、地元営林署の作業員として働いた。仕事の傍ら、地域の青年団、青年学級の活動に熱中していた。

私が生まれ育った中里町（現・中泊町）では、スポーツ文化活動が奨励されていて、青年団活動にも熱心に取り組む町だった。年に一度、青年団主催の地域別競技大会が開催され、町大会、郡大会を勝ち抜くと青森県青年団連合会主催の県大会に出場できる。県大会は、「体育部門」と「文化部門」の二つがあった。私は町大会で文化部門の「弁論の部」に出場したのだが、私以外に出場者はなく不戦勝で郡大会に進んだ。そこで一位に入賞し、晴れて北津軽郡代表として県大会に出場することになったのだ。

県大会は平内町で開催されたのだが、大会関係者全員が宿泊できる施設などは当然なく、出場者や関係者のほとんどが町内に民泊した。まさに、町を挙げての協力態勢である。私も平内町青年団員のお宅にお世話になり、そこでは至極恐縮してしまうほど厚いもてなしを受けた。転げ落ちるほど分厚い立派な布団に、豪華で美味しい食事、私にご飯をよそってくれた若くて綺麗なお嫁さんや、優しいお母さんのことは、今でも鮮明に覚えている。

県大会が始まった。私が出場する「弁論の部」の出場資格は、中学校卒業以上二十五歳未満とされていて、会場には約十五名の出場者が顔をそろえた。

私の演題は**「青少年の非行に思う」**だった。民泊先の家族の歓待に心を打たれたこと、平内町小湊が十三湖と同様に青森県内でも有数の白鳥の飛来地であることから、その二つを急遽冒頭に付け加えての弁論となった。私が述べた趣旨は、演題の通り「思春期の青少年がなぜ非行に走るのか？」であった。一概には言えないが、青少年が非行に走る原因の多くは家庭環境にあり、なかでも貧困と孤立がその多くを占める。それは、母子家庭に生まれ育った私自身が身をもって感じたことである。家庭円満に育つ子弟子女が非行に走ることは稀なことなのだ。

私は、小さな日用雑貨店を営む家に生まれ、母子家庭として育った。生活は苦しく、将来に希望を持つこともできなかった。そんな自分が非行に走らなかったのは「母親を悲しませたくない」、そんな思いが強かったからだ。

これは貧乏な家庭に育った者特有の考えかもしれないが、自分が貧乏なことや身の回りに困難なことが起きるのは、全て政治が悪い、相手が悪いと、他者のせいにする傾向がある。究極には殺人を犯してでさえも、その理由を他人《ひと》のせいにする。私がそうはならなかったのは、ひとえに「母親を悲しませたくない」、その思いに尽きるのだ。

壇上で私は、そんな思いを熱く語った。さらに、私の場合は、青年団や青年学級という活動の場があったことを強調した。母親への思いと、職場、青年団や青年学級という活動の場が、私を非行に向かわせなかった要因だと訴えた。

私は三位入賞を果たした。

「三位入賞は快挙だ、栄誉だ」

所属する中里町青年団の団長をはじめ役員らは大いに喜んでくれた。私が十代で受け取った賞状は数枚あったが、この「県大会三位」と書かれた賞状は、最も価値のあるものだと思っている。この賞状は、陸上や相撲など体育部門での受賞者の賞状とともに、役場庁舎内にある教育委員会室に飾られた。私は得意満面、鼻高々の思いであった。

ところが、その翌年の昭和三十九（一九六四）年九月二十日夜半、役場庁舎は火災によって全焼したのである。町の重要書類などほとんどのものが焼失し、私の自慢の賞状も灰燼に帰したのだ。私の唯一の宝物で青春時代の活動の証は、煙となって秋の夜空に消えてしまったのである。

（九）作文コンクール

私が文章を書くことに関心を持ったのは小学生の頃だ。担任の先生が、自分が書いた作文を褒めてくれたことがきっかけだった。先生に褒められるともっと頑張りたくなる。作文を書くことが楽しくなった私は、小学校四年生の時、電電公社（現・NTT）の作文コンクールに応募した。

「こんな時電話があったら」という課題だった。

前述のように、私は母と二人暮らしだった。母は病弱で気管支喘息を抱えていた。発作的に呼吸困難を起こす病気で、私は小学校一年生の頃から食事の支度や店番、母親の看病などをしていた。

母は発作が起きると、「エフェドリン」という薬を服用する。「麻黄《まおう》」という植物から抽出される喘息の治療薬だ。特効薬だが「メタンフェタミン（覚せい剤）」成分が含まれることから乱用は禁止されている。「エフェドリン」は注射液と錠剤の二種類があり、通常は錠剤を服用するが、発作が収まらない時は近所に住む同級生のお父さんに頼み、注射を打ってもらった。そのお父さんは、戦時中衛生兵をしていたことから、窮状を見かねて応じてくれたのだ。その時は、洗面器にお湯を沸かして手伝うのが私の役目であった。今では、無資格者の医療行為は医師法違反だが、当時は見て見ぬふりして誰も咎めたりはしなかった。

家には、錠剤と注射液の両方を常備しているのだが、どちらも使いきってしまった時に限って発作は起きる。幼い私はただオロオロするばかりだった。当時の道路状況は劣悪で、冬期間には一日数便の路線バスも頻繁に止まってしまう。吹雪の中を薬を買いに隣の集落まで行くことは、子どもの私には到底できることではなかった。そんな時、自由に使える電話があれば、顔なじみになっている薬店に電話して、こちらに来る人に薬品を持たせてくれるように頼めるのに。

そんな内容の作文を書いて応募した。

結果は「入賞」だった。賞品としてもらった電話機二台は、理科の授業で教材として使われた。その時も担任の先生にはずいぶん褒められ、卒業式には、作文を勉強するためにと、先生が国語辞典を手渡してくれた。私はすっかり気分を良くして、さらにやる気になった。中学校へ進学してからは弁論部の活動に熱中し部長も務めたのである。それが後の青年団での弁論大会出場につながったのだ。

かくして、平内町は、私の青春の一ページを刻んだ、忘れ得ない町となった。

(十) 決心

青森市は、青森県のほぼ中央に位置する人口約二十八万人の県庁所在地。古くから、本州と北海道を繋ぐ交通の要衝として発展し、現在は北東北における交通、行政、経済、文化の中心地だ。市内には、歴史ある酸ヶ湯《すかゆ》温泉や、東北有数の温泉地として有名な浅虫温泉があり、八甲田山、奥入瀬渓流、十和田湖などへの玄関口となっている。また、日本を代表とする火祭り「青森ねぶた祭」や、世界遺産の三内丸山遺跡をはじめとする縄文遺跡群など、多くの宝物がある。

酸ヶ湯温泉は湯治場としても有名だ。私が子どもの頃、喘息が持病の母と一緒に集落の人たちの仲間に入れてもらい、湯治に行ったものだ。一週間から十日分の食料や、たくさんの炊事用具を背負い、未明に集落を出て、中里駅までゾロゾロと隊列を組んで歩き、そこから鉄道とバスを乗り継いで酸ヶ湯温泉を目指す。まだ小学生になる前のことだが、私は顔馴染みとなった湯治客の各部屋を廻って、唄を歌っては褒められ（おだてられ）「ゆで玉子」や「お菓子」をもらったことを覚えている。

浅虫温泉には、小学校の修学旅行で訪れた。バスで青森市内を通った時には、初めて見る都会の町並みに目を見張ったものだ。

青森県は夏が短く涼しいため、春から秋にかけての時期は快適に過ごすことができる。しかし、冬になると札幌と同様に雪が多く積もり、青森市は人口約三十万人規模の都市としては、世界でも有数の豪雪都市といわれる。旧・青森市は、明治三（一八七〇）年の青森大火で市内のほとんどを焼失した。また、昭和二十（一九四五）年七月には青森大空襲により焦土と化したが、いずれも先人のたゆまぬ努力によって復興を遂げている。

かつては東京から伸びる鉄道幹線の本州最北端の駅であった青森駅。その名が広く知られるようになったのは青函連絡船の存在が大きい。青函連絡船は、明治四十一（一九〇八）年三月に就航した鉄道連絡船で、東北本線と奥羽本線の終点だった青森駅と、津軽海峡を隔てた北海道、函館本線の起点である函館駅を結んだ。北海道のみならず、樺太、千島などの北方領土への物資輸送や、人々の往来にも重要な役割を果たし、終戦後も北海道と本州をつなぐ交通路線として欠かすことのできない存在であった。

私は札幌市民になる以前、青函連絡船を三回利用している。

初めて乗船したのは、小学校の修学旅行で函館へ行った時のこと。連絡船で過ごした四時間は長く、「津軽海峡は随分と広いんだなぁ、北海道は遠いなぁ、」と思ったものだ。二回目は営林署の職場慰安旅行だった。

そして三回目が、忘れもしない昭和三十九（一九六四）年六月十四日、それは私の人生を決めた時のことである。

私は母一人、子一人の母子家庭で生まれ育ったが、実際には、父親違いの兄と姉がいた。姉は四歳の時、隣の集落のNさん宅の養女になった。十六歳年の離れた兄は、終戦後自衛隊に入り、北海道十勝の鹿追町《しかおいちょう》に配属となった。そこで地元の女性と結婚し、除隊後は札幌でタイル張りの職人となり、二人の子どもをもうけ家族で暮らしていた。

兄夫婦は母親と折り合いが悪く、長らく音信不通が続いていたが、ある日、どういうわけか母と私を訪ねてきた。そして、札幌で同居してタイル張りの職人にならないかと言い出し懇願してきたのだ。私は母と相談し、まずは、兄夫婦の実際の暮らしぶりを見るために行ってみた。それが、昭和三十九（一九六四）年六月十四日である。

初めて訪ねた札幌は素晴らしい街だった。緑豊かな整然とした街並みと都会的な雰囲気が調和して、食べ物もおいしい。中学校の修学旅行で訪れた東京よりも魅力的だ。

私は藻岩山に登り札幌の街を見渡した。津軽の景色に似た山と河に遥かに望む紺碧の石狩湾、ゆったりとしたおおらかさ。気宇壮大な大陸的風土を感じさせる街並み。この街こそが私の求めていた新天地ではないか。

「決めた。私は札幌の人になる。」

家柄や格式を重んじる風習が未だに残り、これといった産業もない北津軽からの脱出を、私は〝父なる山〟藻岩の山頂で決心した。兄夫婦の暮らしぶりには大いなる不安はあったものの、自分の未来をこの地にかける思いが勝ったのだ。

（十二）旅立ち

昭和四十（一九六五）年五月三日、母と私は兄夫婦の家族と一緒に、青森港に係留された青函連絡船上のデッキに立っていた。姉やその親戚、同級生たち十人ほどが見送りに駆けつけていた。ドラが鳴り『蛍の光』が流れ、出港の時を迎えた。

青森港の岸壁は見送りの人たちでごった返している。見送る人、見送られる人の間には、五色の紙テープが絡まりながらたなびいていた。連絡船が岸壁を離れるにつれ、握りしめた紙テープが切れていく。

「頑張れよう！」

「元気でなぁ！」

「皆も元気でなぁ！」

姉や親戚、友人と大声で言葉を交わしながら、少しずつ人影は小さくなっていく。自分は津軽を離れる。今度はいつ津軽の土を踏めるか見当もつかない。そう思うと急に心細くなっていた。まるで永遠の別れのようにも感じた。隣に立つ母の目にはうっすらと涙がにじんでいる。母の複雑な心の内を私は分かっていた。自分のことよりも私の行く末を案じていたのだ。

「絶対に母を守り、必ず幸せにする！」

十和田丸のデッキに立ち、津軽海峡の水面に伸びる航跡の長い白波を追いながら、私は自らに固くそう誓った。

その日から四年が過ぎ、札幌暮らしにも慣れた頃、再び青函連絡船を縁に、二度目の人生の門出を迎えることになる。私にとって青函連絡船は、その後の人生を決める時をともにした、忘れられない存在となるのである。

(十二) 八甲田丸と人生航路

昭和四十四（一九六九）年八月二十日、私と妻の峰恵子は、姉と親戚の成田さんとともに大きなボストンバックを抱え、青森駅のホームを八甲田丸に向かって必死に走っていた。正確には、その時はまだ結婚はしていなかった。結婚するために走っていたのだ。

青森駅の連絡船乗り場への通路は、改札から乗船するまで日本一長いと言われていた。出航時刻が迫るなか改札に駆け込んだのだが、そこから栈橋までが遠いのだ。『蛍の光』が流れ、栈橋が上がっているのが見えた。「もう間に合わない」、そう思った瞬間、姉が叫んだ。

「待ってけろう！　待ってけろじゃ！」

すると、信じられないことに、桟橋が降下し始めたのである。姉の悲鳴にも似た大きな叫び声が係員に届いたのだ。連絡船の係員は我々を見て微笑んでいた。通常は有り得ないことだ。「国鉄もなかなかやるものだ！」、感謝を込めながらそう思った。我々も笑顔で「ありがとうございました。」と大きな声でお礼を言い、無事乗船を果たしたのだった。

この時、妻は親の反対を押し切って私と結婚し、札幌で人生の新たなスタートを切ることに同意していた。父親は渋々ながら承諾したものの、母親は反対の姿勢を崩さなかった。その状況を押し切るのだから〝駆け落ち〟同然である。姉と成田さんはそれを手助けしてくれたのだ。

少し込み入った話になるが、妻は小泊村（現・中泊町）の出身で、中学校卒業後、私の姉の嫁ぎ先の親戚が北海道滝川市で経営する食堂「味のアカザワ」で、住み込み従業員として働いていた。私よりもひと足早い昭和三十八（一九六三）年四月に北海道民となっていたが、当初から働く年限は五年と決められていた。その期限がきて実家に帰ることになった妻は、途中、札幌に立ち寄る。ちょうどその頃、私の姉も母親の看病で札幌に来ていたのだが、小康を得たことから妻と一緒に青森に帰ることになった。それが私と妻の運命の出会いとなったのだ。姉の勧めもあって、私たちは結婚することを決めた。ところがその頃、妻の実家では、見たこともも会ったこともない農家の男性を結婚相手に決めていたのだ。都会暮らしに慣れていた妻は、札幌での暮らしを望んだ。私の求婚の力が強かったのかもしれない。

八甲田丸（提供：青森県観光情報サイト）

かくして我々は夫婦となり、その後訪れる数々の人生の荒波をも乗り越えることができたのは、この日の決断と行動が原点である。このように、人生の傍らにはいつも青函連絡船があった。

その青函連絡船も、ついに八〇年間の運行を終える日がきた。国鉄分割民営化後、間もなく開通した青函トンネルにその役割を譲って終航したのは、昭和六十三（一九八八）年三月のことだ。しかしこのことが、その後の青森市の発展に影を落としたことは紛れもない事実である。

青森港には、かつて私たちを乗せた「八甲田丸」が〝海の街〟青森の記念碑として係留保存され、今もなお多くの市民に親しまれている。

青函連絡船が廃止となった青森市は、その後、平成十七（二〇〇五）年四月に隣接する浪岡町《なみおかまち》と合併し、翌十八（二〇〇六）年に県内初の「中核都市」

あおもりカシス（提供：青森のうまいものたち）

に移行した。旧・浪岡町は歴史が古く、南北朝時代の英雄、北畠顕家《きたばたけあきいえ》の一族が浪岡城を構えた地で、歴史と伝統に培われた、香り高い独自の文化が息づいている。また、りんごの生産地としても広くその名は知られている。

青森市の特産品は、水産練り製品や味噌、しょう油などの食料品、製材、木工品が主である。水産業は、ホタテ養殖業と新鮮な魚介類を原料とした水産加工業を中心に発展してきた。一方、農業は、稲作を中心としながらトマトやピーマンなどの野菜のほか、近年は日本一の生産量を誇る「あおもりカシス」も市内全域で生産されている。この「あおもりカシス」は、平成二十七（二〇一五）年、農林水産物の名前や特性と産地の結びつきを国が地域ブランドとして保護する「地理的表示保護制度」の第一号に登録され、品質の高いブランドとして評価されている。

また、青森市と弘前市をむすぶ国道七号のほぼ中間地点にある、道の駅「なみおかアップルヒル」が、青森空港からのインターチェンジに近く、県産の物産が豊富で、お土産品も揃っていることも相まって人気をよんでいる。その立地の良さと品質の良さ、そして遊びも楽しめることから、観光客や行楽客ばかりでなく、わざわざ街中から買い物だけに訪れる地元の人も多い人気スポットだ。リピーターの多い道の駅としても定評で、平日でも人があふれていることがそれを証明している。私が里帰りをした時には必ず立ち寄るところである。

二　西北五地区

西北五《せいほくご》地区は、五所川原市・つがる市と、北津軽郡（中泊町《なかどまりまち》・鶴田町《つるたまち》・板柳町《いたやなぎまち》）、西津軽郡（鰺ヶ沢町《あじがさわまち》・深浦町《ふかうらまち》）の二市五町で構成される、青森県津軽地方の西北部に位置する地域圏だ。「西北五」の呼称は、それぞれの頭文字に由来する。

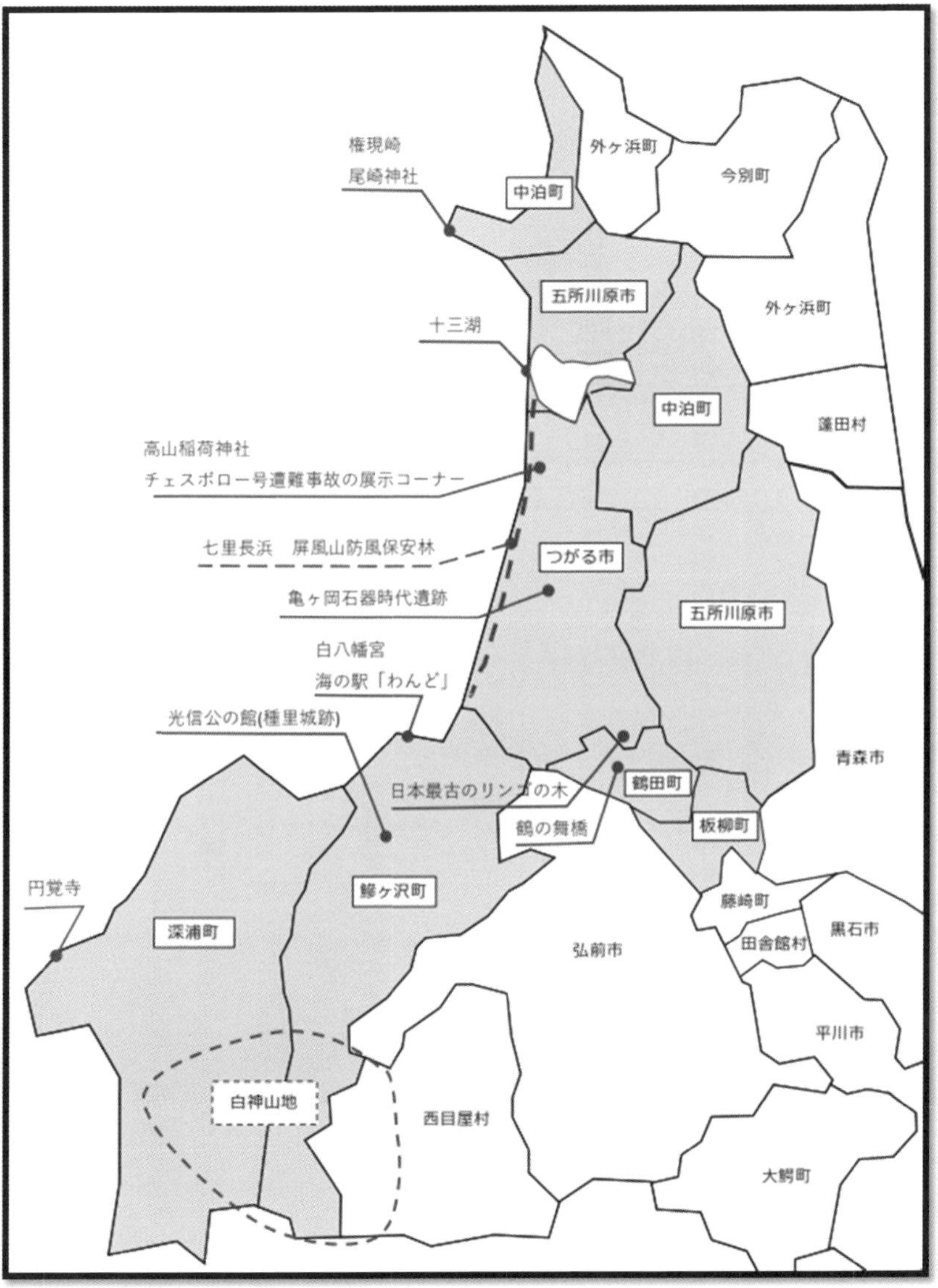
権現崎
尾崎神社
外ヶ浜町
中泊町
今別町
五所川原市
外ヶ浜町
十三湖
中泊町
蓬田村
高山稲荷神社
チェスボロー号遭難事故の展示コーナー
七里長浜　屏風山防風保安林
つがる市
亀ヶ岡石器時代遺跡
五所川原市
白八幡宮
海の駅「わんど」
光信公の館(種里城跡)
青森市
日本最古のリンゴの木
鶴田町
鶴の舞橋
板柳町
円覚寺
鰺ヶ沢町
藤崎町
深浦町
黒石市
田舎館村
弘前市
平川市
白神山地
西目屋村
大鰐町

西北五地区

（一）ひとつになったまち

津軽半島の北端、龍飛崎から日本海に沿って南下すると、**中泊町小泊**（旧・小泊村）に至る。龍飛崎から日本海側の海岸沿いは断崖絶壁が続き、かつて龍飛崎～小泊間の交通手段は海路のみであった。陸路で半島を周回できるようになったのは、昭和五十九（一九八四）年に「竜泊ライン」が完成してからのことである。

中泊町は、平成十七（二〇〇五）年、農業のまち中里町と漁業のまち小泊村が合併して誕生した人口約一万百人の町だ。旧町村の地域は、それぞれ「中里地区」、「小泊地区」とよばれ、町域は五所川原市を挟んだ飛び地となっている。両地区は、お互いになかった個性を手に入れ、ひとつの町になるための歩みを今も続けている。

天文《てんぶん》年間（一五三二～五五年）に、浪岡北畠氏《なみおかきたばたけ》によって作成されたとされる津軽最古の地名綴り、『津軽郡中名字』のなかに「中里」の地名はない。江戸時代に入り幕府の地図事業が進展するにつれ、正保・慶安《しょうほうけいあん》の国絵図や日本総図に「中里新田」が登場するようになる。中里新田は、近世初頭の藩政時代、金木新田とともに開発が進んだ地域で、開拓者の多くは能登地方から入植したという。

旧・中里町の武田地区は藩政時代から開拓が始まったのだが、その場所はもともと十三湖の湖底であったことから、その開拓は困難を極めた。旧・内潟村（現・中泊町）の新田地域もこれと同様で、これらの地域の開発に続き、戦後の食糧難から、国の政策で開拓事業や土地改良が積極的に推し進められ、広大な田園地帯が形成されていった。

この新田開発によって平野部は「三角州」とよばれる地形となり、肥沃な大地として生まれ変わっていったのだ。このような経緯から、中里地区は現在も農業が基幹産業となっていて、国道三三九号の旧・下之切道《しものきりみち》と並行するように、通称「コメ米ロード」と呼ばれる広域農道が地域を縦貫しているなど農業インフラが整備されている。

津軽平野や十三湖から望む岩木山の姿は、その美しさから「津軽富士」とも称される。冬には一面の銀世界となる津軽平野に、日本最北の私鉄である津軽鉄道が「ストーブ列車」を運行する。その終着が「津軽中里駅」だ。客車に「だ

ストーブ列車
（提供：青森県観光情報サイト）

るまストーブ」を設置したこの列車をはじめ、太宰治の作品に由来する「走れメロス号」の運行などで、津軽鉄道の名は全国に知られ、各地から観光客や鉄道ファンが訪れている。

(二) 二人が見た十三湖

小泊地区は日本海沿岸に集落を形成しているが、その海岸線には急斜面の山々が連なり、断崖と海が織りなす景色は壮観である。特に、権現崎(小泊岬)や「竜泊ライン」から見渡す北海道や岩木山、十三湖などの景観は息をのむ美しさで、この一帯は津軽国定公園にも指定されている。

中里地区とは対照的に、小泊地区は漁業と観光が基幹産業で、主にイカやメバル、マグロが多く水揚げされる。そのなかでも特に「津軽海峡メバル」は高級魚として取引され、その刺身と煮つけをメインにした「中泊メバル膳」は、ご当地グルメとしても人気が高い。また、その絶景と豊富な海の幸から、小泊地区はドライブコースや釣り場としての人気も高く、毎年多くの観光客が訪れている。

龍飛崎と旧・小泊村を結ぶ「竜泊ライン」が完成する以前の国道三三九号は、五所川原方面から北上していくと旧・小泊村で行き止まりとなる一本道だった。津軽中里駅からは、五所川原市発のバスがこの国道を通って終点の小泊まで運行している。太宰が小説『津軽』の取材で「子守りのタケ」に会いに行った時もこのバスを利用している。太宰は、五所川原から津軽中里駅まで津軽鉄道に乗車し、バスに乗り換えて小泊に向かったのだ。途中、中里町今泉にさしかかると、左手には十三湖が見えてくる。

その道沿いに、シジミ料理が評判の「しじみ亭奈良屋」と「はくちょう亭奈良屋」がある。メニューも多く、「シジミラーメン」や「メバル膳」も人気だ。実は、この両店の経営者は私の遠縁にあたり、帰省時には必ず立ち寄ることにしている。店では「大和シジミ」の直販もしていて価格も安く、札幌から注文しても早ければ翌日には届くのも嬉しい。十三湖のシジミの出汁は濃厚で、ミネラルを豊富に含むことでも知られている。ここで生まれ育った私にとっては、故郷を感じる懐かしい逸品である。

その「はくちょう亭奈良屋」の並び、ごく近くに段丘地形の小高い丘がある。丘の上の広場には観音堂があり、そばには、明治時代、関脇まで昇進した旧・内潟村今泉出身の源氏山頼五郎《げんじやまらいごろう》（本名・青山又一《あおやままたいち》）の石碑が建っている。子どもの頃、この場所に来ると、何か独特の空気感のなかに身が引き締まるような厳かな雰囲気を感じたことを覚えている。「もしかしたら、昔ここで何かが起こったのではないか…」。そんなことを思わせる場所であった。

実はこの場所、現在は「今泉・賽の河原」と呼ばれている場所なのだ。郷土史家によると、中世この場所が津軽半島での「地蔵信仰」の中心地とされ、「日本最古のイタコ発祥地」だったと

しじみ亭　奈良屋（写真撮影：三上洋右）

はくちょう亭　奈良屋（写真撮影：三上洋右）

今泉・賽の河原（写真撮影：三上洋右）

いう。後に、信仰の中心地が、イタコの霊媒で有名な五所川原の「川倉・賽の河原」に移ると徐々に衰退していったそうだ。「ハテ？　それはホントかな？」とも思うのだが。いずれにしても、十三湖と津軽平野を前景とし、遠くに岩木山を望むここからの景色は、まさに百八十度に広がる大パノラマと呼ぶにふさわしい絶景である。

「はくちょう亭」の向かい側には町が整備したパーキングエリアがあり、小公園となっている。そこには、幕末に北方偵察で訪れた吉田松陰を記念した「吉田松陰遊賞之牌」が建っている。別項でもふれたが、そこは子どもの頃よく遊んだ、私の好きな場所だ。ちょうど、国道三三九号を今泉から市浦方面に向かう「七平の峠」に差し掛かる辺りで、太宰は小説『津軽』においてこの場所を次のように記している。

「浅い真珠貝に水を盛ったような、気品はあるがはかない感じの湖である。船も浮かんでいない。ひっそりとしていて、なかなかひろい。

人に捨てられた孤独の水たまりである。流れる雲も飛ぶ鳥の影も、この湖の面には写らぬという感じだ。」

これは十三湖を見た太宰が感じた心象風景でもある。一方、幕末に、同じくこの地を訪れた吉田松陰の日記には、次のように記されている。

「晴 駅（中里）を発す。今泉 合津を経て十三潟を過ぎ小山を超ゆ。山は潟に臨み岩城山に対す。真に好風景也」

太宰とは真逆の感想である。この違いはどこから来るのか。私が思うに、その時に置かれた二人の立場の違いから生じたものではないか。それは、希望に満ちあふれた松陰と、失意のどん底にあった太宰。この心情の違いからだと私は考えるのだ。

これについては拙著『蒙古の子守唄』に詳述したところである。

（三）小さな旅

道の駅十三湖高原（提供：青森県五所川原市）

十三湖の湖畔から七平峠を越え、「小泊道」と呼ばれる国道三三九号を北上すると、高原の上に平坦な道路が現れる。そこに道の駅「十三湖高原」がある。ここも岩木山を背景に十三湖を臨む絶景スポットとして人気だ。このエリアは旧・市浦村で、今は合併によって五所川原市になっている。

道の駅「十三湖高原」の周囲《まわり》には、畜産農家が肉牛を放牧する「実取《みとり》牧場」が広がっている。ここで育った肉牛は「市浦牛」のブランドで販売されているが、流通量が極めて少ないことから、〝幻の市浦牛〟ともよばれる。強風が吹き荒れる過酷な冬を経験する市浦牛は上質な脂を蓄えているので「一度口にしたら、必ず再び食べたくなる」といわれている。私もかつて、弘前の料理店「すずめのお宿」で女将さんにそう紹介され食したが、まさにそのとおりであった。

この「市浦牛」が、そのブランド名で流通するのは、成牛として出荷された場合に限られるという。小牛で出荷された場合は、成牛になるまでの一定期間、例えば、神戸で飼育されれば〝神戸牛〟のブランドで出荷されるからだ。近年は、北海道や九州、さらには仙台にも小牛で出荷される数が多いという。もしかすると、市浦牛がルーツの〝神戸牛〟や〝仙台牛〟を食しているのかもしれない。

また道の駅近くには、中世津軽の豪族・安藤氏の居城であった福島城跡と支城の唐川城跡など、安藤氏が活躍した当時の史跡が今でも多く見られる。津軽半島全体が安藤氏の活躍の舞台だが、中でもここ旧・市浦村相内地区は安藤氏の拠点となった要地で、拙著『蒙古《もんこ》の子守唄』に詳述したとおりである。

相内《あいうち》地区を過ぎると、海岸沿いに磯松《いそまつ》地区、脇元《わきもと》地区の集落がある。飛び地合併した五所川原市の北限にあたる場所だ。この辺りは、弘前藩が海塩をつくった地域である。そこから小泊までの一帯は、かつてニシン漁やハタハタ漁で沸き返った地域だ。子どもの頃、ニシンの〝干し数の子〟やハタハタの〝ブリコ〟〟をおやつ代わりにお腹いっぱい食べたものだ。現在でも「ニシン御殿」とよばれた家屋が残っているが、漁獲量の減少とともに徐々に衰退し、漁場を失った漁師のなかには北海道に渡って網元になった人もいるという。

旧・小泊村（現・中泊町）の入り口、折戸《おりと》地区は私の姉とその家族が住むところで、姉は九十三歳になるがいたって元気だ。私が帰省する時には姉の家に泊まることに決めていた。姉宅は海岸に近く、初めの頃はザァーザァーという波の音が気になり、なかなか寝付けなかったのだが、泊を重ねるうち、それが子守唄のようにも聞こえて、心地良く眠れるようになったのだから不思議である。

折戸地区を過ぎると下前《したまえ》地区である。そこは妻の生まれたところだ。私と同様に家が貧しく、カレーライスに肉が入ったことがなかったという。肉の代わりに、自分たちが海に潜って獲ったアワビやサザエが具になるというのだから、むしろ最高の贅沢ではないか。今では笑ってそう話せるが、当時はよっぽど肉が食べたかったらしい。

札幌市と青森県の人的なつながりが強いことは、これまでにもそのエピソードを紹介してきたが、実は、中泊町小泊は、現札幌市長である秋元克広氏のルーツでもある。秋元氏本人は夕張生まれの夕張育ちだが、父君が小泊出身なのだ。そして、秋元氏が小学校四年生の時、夏休みに父に連れられて小泊を訪れているというのだ。海のない夕張育ちの秋元少年は、一週間の滞在中、毎日のように海で遊んだと聞く。思いのほか海水温が高く、雨が降っても泳ぎ続け、肌が真っ黒に日焼けするまで遊んだことが忘れられない思い出だという。

ある時、そのことを知った中泊町長の濱舘豊光《はまだてとよみつ》氏から私に、町の三上晃瑠財政課長を通じて、秋元氏と一緒に中泊町を訪問してほしいとのお誘いがあった。かねてより、秋元氏からは小泊を訪問してみたいという意向を聞いていたこともあって、早速スケジュールを調整し、令和五

（二〇二三）年八月上旬に訪問が実現した。濱舘町長、横野副町長、三上財政課長をはじめ、中泊町の職員や町の皆さんの大歓迎を受けたのである。

一泊二日の短い旅であったが、約半世紀ぶりに父の実家を訪ね、ご親戚との再会を果たしたことや、かつて海水浴をした場所が埋め立てられ、現在は中泊町の支所（元・小泊村コミュニティー施設）が建っていることなどを知り、秋元氏は、終始、感慨深い様子で過ごされていた。また機会があれば、余裕のある日程で訪問したいと語り合ったが、ぜひ実現したいものである。

さて、小泊は〝安藤家三段構えの城〟のうち、背水の陣といわれた柴崎城《しばさきじょう》があったところでもある。十五世紀に入り、南部氏に攻められた安藤盛季《もりすえ》が居城としていた福島城を退き、支城の唐川城へ逃げ、最後の砦となったのが柴崎城で、ここから蝦夷に退去したといわれている。この柴崎城は、現在の小泊漁港西側にある「神明宮」の周辺で、本丸は神明宮境内にあったとされ、社殿奥には「柴崎城址」の標柱が建っている。その他にも小泊には興味深い伝説が多く残されている。

（四）神の岬

権現崎（小泊岬）は、小泊地区にある景勝地として知られる。獅子が横たわるように日本海に突き出た巨大な岩山で、標高は二二九㍍、断崖絶壁の頂上からは北に竜泊ライン、南に岩木山を望み、十三湖や遠く北海道まで見渡せる大パノラマが広がる。長崎の野母崎《のもざき》、あるいは愛媛の佐田岬とともに日本の「二大名岬」といわれる所以である。

この岬の岩頭に鎮座しているのが「尾崎神社」である。権現崎は航海の目印であり、古くから神々が住む岬として信仰されていた。権現崎の付け根にある小泊漁港は、北海道・松前への「風待ち港」として利用され、江戸時代には北前船の寄港地として栄えていたという。

そして、「尾崎神社に、「航海の神」「海の守り神」として祀られているのが「徐福《じょふく》」である。小泊には、この徐福という人物にまつわる伝説がある。それは、今から二千二百年ほど前、中国を統一した秦の始皇帝に仕えていた徐福が、不老不死の霊薬を求めて小泊の権現崎に漂着したと

権現崎（提供：中泊町博物館）

尾崎神社１（提供：中泊町博物館）

尾崎神社２（提供：中泊町博物館）

いうものだ。この伝説の元になっているのは、中国の歴史家・司馬遷が記録した『史記』である。『史記』には、紀元前二一九年、始皇帝の命を受けた徐福が、中国から見て東方の、蓬莱《ほうらい》、方丈《ほうじょう》、瀛州《えいしゅう》という神々の山にあるという不老長寿の霊薬を求め、三千人を従え渡海。徐福は、広い平野と沼地のある土地にたどり着いたが、その地の王となり、中国に帰ってくることはなかったと記されている。小泊の伝承では、中国を出港した徐福の船団は、韓国・済州島を経由するも、対馬海流に流されて日本海を北上し、権現崎に漂着したという。その後、徐福は定住せずに中国へ帰ったことになっている。

一方で、霊薬を探し出すことができなかった徐福は、中国へは帰らず、下前《したまえ》集落の人々に漁法や航海術、農業、薬草などを教え、この地にとどまり七十歳で亡くなったという説もある。また、下前集落から去って岩木山の山麓で稲作を教えたという説や、後に、徐福の子孫が徐福像と観音像を持参して小泊に定住したという諸説がある。

この徐福伝説、実は全国の三十カ所を超える地に分布している。徐福の船団が荒波に流されて各地に漂着したからとも考えられるが、どうも話は違うらしい。平安時代末期から室町時代にかけて、貴族や僧侶たちが中国の『史記』を読み伝え、それが修験者（山伏）の本拠地である熊野の霊地に伝わり、熊野信仰を広める修験者たちが全国に伝えたのではないかというのである。そして、修験者が修行の地に求めたのが権現崎であり、山頂の「尾崎神社」がその信仰の一翼を担ったと考えられているのだ。

この尾崎神社が、いつ建立されたかは定かではない。平安時代の大同二《だいどう》（八〇七）年とも、元暦元《げんりゃく》（一一八四）年ともいわれている。当時、東北地方の豪族であった安倍氏を頼り、紀州熊野から来た尾崎一族がこの地域に住み着き、熊野大権現を祀ったという言い伝えもある。古くから徐福は、尾崎神社の祭神〝航海の神〟として祀られていた。江戸時代になって神社名が「飛龍宮」となり、徐福は脇侍《わきじ》となるが、明治になって神社名が再び尾崎神社となって、徐福は現在も〝航海の神〟として祀られているのである。

徐福は、特種な技術を身に着けた、いわゆる「方士《ほうし》」であった。祈祷や不老長生術、医術などの知識を持ち、医学や薬学、化学、天文学など多方面に通じた始皇帝に進言する専門家・技術者

徐福の木像（尾崎神社）（提供：中泊町博物館）

徐福の像（徐福の里公園）（提供：中泊町博物館）

なのである。その彼が良家の男女三千人を従えて日本に渡ってきた際、五穀の種とともに多くの各種技術者を伴っていたといわれている。こうしたことから、古代の日本で高度な技術力と経済力をもっていた有力豪族「秦氏」は、徐福たちの子孫であるという説が生まれた。

秦氏といえば、平安時代初期の『新撰姓氏録《しんせんしょうじろく》』には、「秦氏は始皇帝の末裔」という意味の記載がある。このことから、秦の時代に中国から渡来した一族とする説もある。そう考えると、徐福と秦氏が密接に関係しているとしてもおかしくない。さらに、司馬遷の『史記』には、始皇帝を「鼻は高く尖っていて、目は切れ長、胸は鷹のように突き出ている、そして声は豺《やまいぬ》のようだ」と、その容姿を表している。これは、いかにも西洋人的にも受け取れる。また、秦国は、ローマ帝国の文化や武器を取り入れて短期間のうちに中国を統一したとか、統治体制がペルシャ帝国に酷似しているなどの言い伝えから、始皇帝はユダヤ人だったのではないかという説が注目されている。その信憑性には議論の余地は残るようである。だが、遥か大陸に思いを馳せ、津軽権現崎の地で歴史ロマンに浸ってみるのも悪くないと思うのである。

(五) 幻のまち

平成十一(一九九九)年から政府主導で進められた市町村合併は、平成十七(二〇〇五)年前後に合併のピークを迎え、それは「平成の大合併」とよばれた。だが、その以前に「十三湖町《じゅうさんこまち》構想」とよばれる計画があったことはあまり知られていない。

この構想は、平成十七年の中泊町、新・五所川原市の誕生前に議論されたもので、旧・五所川原市に隣接する金木町以北の金木町、中里町、市浦村《しうらむら》、小泊村の二町二村の合併計画だった。その新町名には、「十三湖町」が水面下で挙がっており、役場庁舎は中里町に設置することで計画は進んでいた。

ところが、この合併計画に、旧・五所川原市を加えた「広域合併論」が急浮上したのだ。その提唱者は、当時の市浦村長、高松隆三氏だった。高松村長は、かねてより広域合併推進論者で、当時、マスメディアでその自説を展開していた。

当然ながら、市町村合併では自治体間の利害得失が伴うことが多い。特に問題となるのが役場の設置場所だ。さらには合併後の自治体名称や、なかには新首長に誰が就くかということさえ問題となる場合もある。「十三湖町構想」では、新役場を中里町に設置する案が有力だった。しかし、これに対して金木町は、新役場を我が町に設置すべきだと主張した。金木町は、県内有数の桜の名所、県立芦野《あしの》公園や、太宰治の生家である斜陽館のほか、三味線会館などの観光施設を有し、警察署所在地でもあった。金木町は、中里町の軍門に降るかのような合併には納得できなかった。それに加え、「広域合併」を主張する高松市浦村長の存在である。案の定、「十三湖町構想」は幻に終わったのだった。

代わって誕生したのは、市浦村を挟んで中里町と小泊村が飛び地合併した中泊町と、中里町を挟んで五所川原市、金木町、市浦村が飛び地合併した新・五所川原市だった。この状況にマスメディアは、津軽半島に、外ヶ浜町、中泊町、五所川原市の、三つもの飛び地合併が集中する珍しい現象だと報じた。

〝平成の大合併〟において、飛び地合併した自治体数は、北海道・青森県が三自治体、群馬県・岐阜県・徳島県が二自治体、島根県・鹿児島県が一自治体の合計十二自治体である。この数からも分かるように、青森県が三自治体と、その面積から見ても多いうえに、その三自治体が全て津軽半島に集中していたことから、全国的なニュースになったのだ。

(六) 生まれ変わったまち

現在の五所川原市は、平成十七(二〇〇五)年、旧・五所川原市、金木町、市浦村の三市町村が合併して誕生した津軽半島南部に位置する人口約四万八千人の市だ。この一帯は、中世までは不毛の湿地帯で、藩政時代に入ってから開拓が開始され治水が進められたが、その工事は困難を極めた。大正七(一九一八)年に初めて国営による岩木川改修工事が着工されると、その後、約

津軽鉄道（提供：青森県観光情報サイト）

三十年の歳月をかけてようやく完成し、稲作が安定するようになった。

　交通の整備も遅れていた。弘前と青森の間に鉄道が開通したのが明治二十七（一八九四）年であるのに対し、五所川原に私鉄陸奥鉄道が敷設されたのは大正三（一九一四）年と、その二十年余り後のことである。しかし、その後、陸奥鉄道が大正十四（一九二五）年に鰺《あじ》ヶ沢まで延伸されると、昭和二（一九二七）年には国に買収されて国鉄五能線となった。さらに、昭和五（一九三〇）年に私鉄津軽鉄道が津軽中里駅まで通じると、五所川原市は名実ともに西・北津軽にわたる商業・交通の中心地となり、バス路線も放射状に広がっていった。

　そして、平成十七（二〇〇五）年三月、隣接する金木町、北に飛び地だった市浦村と合併したことにより、十三湖の約半分に接する新たな顔を持った五所川原市として生まれ変わったのである。

観光資源としては、道の駅「十三湖高原トーサムグリーンパーク」、桜の名所「芦野公園」、太宰治記念館「斜陽館」、「三味線会館」、津軽鉄道「ストーブ列車」などが挙げられる。さらに、旧・金木町出身の歌手、吉幾三氏が合併によって五所川原市出身となり、「吉幾三コレクションミュージアム」も開設された。旧・五所川原市では、有名な観光施設といえば「立佞武多の館」くらいだったが、合併によって一挙に観光都市へと変貌することになった。

現在の十三湖の西岸に位置していたとされる十三湊は、鎌倉時代は安倍貞任の子孫である安藤氏の拠点港として隆盛を極めた。北国髄一の港湾都市として発展し、源頼朝から許可を得た御免船が敦賀と往来していたという。十三湖の北岸の台地、現在の五所川原市相内（旧・市浦村）には、出船入船で賑わう十三湖を眼下にする安藤氏の居城・福島城跡がある。近くには、中世の宗教施設であった山王坊《さんのうぼう》遺跡などもあり、この一帯は、当時大いに栄えたといわれている。しかし、こうした安藤氏や十三湊の繁栄は、日本史では明らかになっていない謎の部分も多く、「もうひとつの日本史」ともいわれているのだ。

十三湊遺跡は、平成十七（二〇〇五）年、国指定史跡名勝記念物に指定され、今も発掘作業が進められている。安藤水軍の全容解明を心待ちにする関係者は多い。

（七）鶴が舞い降りた里

北津軽郡鶴田町《つるたまち》は、津軽平野のほぼ中央に位置する人口約一万一千人の町だ。この地域は近世初頭に開拓が始まり、藩政時代の元禄《げんろく》年間（一六八八〜一七〇四年）前後に、広須新田の一部として開発が進んだ。

町名は、鶴が飛来することに由来するとされるが、その昔、隣村が亀田村だったことから、縁起のよい〝鶴亀〟にちなんでつけられたともいわれる。

鶴の舞橋
（提供：青森県観光情報サイト）

鶴田町にある廻堰大溜池《まわりぜきおおためいけ》は、万治《まんじ》三（一六六〇）年、新田開発の水源確保のために川をせき止めて造られた貯水湖だ。堤長は四・二キロメートルと日本一の長さを誇り、岩木山の雄大な山影を湖面に美しく映すことから「津軽富士見湖」ともよばれている。その中央には、樹齢一五〇年以上の青森ヒバで造られた全長三百㍍の三連太鼓橋である「鶴の舞橋」が架けられている。木造のアーチ橋としては日本一の長さを誇る橋上から見渡す景観は格別の美しさだ。

湖の周辺は渡り鳥の越冬地となっていて、湖畔にはタンチョウヅルを飼育する丹頂鶴自然公園が整備されている。また、へら鮒《ぶな》の湖としても有名で、ゴールデンウィークの「鶴の舞橋桜まつり」の期間中には、「全国へら鮒釣り大会」が開催され多くの釣り愛好家が集結する。

大会といえば、鶴田町にはユニークな大会もある。それは、「ツル多《た》はげます会」が主催する「新春・中秋の有多毛《うたげ》」である。そこで行われる、全国から集まった頭がツルツルの会員による「吸盤綱引き大会」では、行司の「はげよい！」の掛け声を合図に、向かい合った二人が紐で繋がった吸盤を頭に付けて激しく引っ張り合うのだ。参加者はもちろん来場者も大いに盛り上がる。ハゲ頭をポジティブにとらえ、心から楽しみ、世の中を明るく照らす、なんとも微笑ましい大会なのだ。

鶴田町は、弘前から十三湖、龍飛方面へ向かう中継地点であり、道の駅「鶴の里あるじゃ」は、休憩ポイントとして利用客も多く、新鮮な野菜や果物のほか生産量日本一のブドウ「スチューベン」を使った加工品も人気が高い。

ここは津軽の旧友に案内されて以来、すっかりお気に入りの場所となり、その後は、私が札幌からの友人の案内役を買って出ている。桜まつりには、町民がこぞって敷物を広げて宴を張る、古き良き津軽に浸るひと時を過ごすとこができる場所だ。

（八）りんごの里

北津軽郡**板柳町**《いたやなぎまち》は津軽平野の中央に位置し、鶴田町に接した人口約一万二千人の町だ。村落としての開拓が進んだのは文禄《ぶんろく》・慶長《けいちょう》年間（一五九二〜一六一五年）で、その後の新田開発により開村されたといわれる。町名は、町内を流れる岩木川の東岸にイタヤカエデとヤナギの巨木があったことに由来するという。

かつて、この地域は板屋野木《いたやのぎ》とよばれ、明治二十二（一八八九）年の町村制施行により板屋野木村が発足する。明治二十八（一八九五）年に板柳村に改称し、昭和三十（一九五五）年に、沿《そい》川村《かわむら》、小阿弥村《こあみむら》、畑岡村《はたおかむら》と合併して、現在の板柳町となった。

岩木川の中流域に位置する板柳町は、藩政時代、河港の町として発展した。当時、津軽平野一帯で収穫された米は、岩木川の水運を利用して十三湊へと運ばれた。このため、寛文《かんぶん》三（一六六三）年には、周辺地域から集められた米を収納する御蔵所が設置され、代官所が置かれた。藩の御用船が出入りし豪商が財を競い合う、まさに岩木川水運の拠点として商業活動が盛んになったこの地域は、城下町、弘前市をしのぐ繁栄ぶりだったといわれる。

明治時代に入り、りんごの生産が始まると、その名産地として、また、戦後にはりんごの貨物輸送の拠点としても栄え、板柳駅の付近にはりんごの木箱が大量に積まれたという。しかし、それも永くは続かず、五所川原市の発展によりその役割が奪われていった。

現在、坂柳町は、「りんごの里」のキャッチフレーズのもとで様々な活動を展開している。その拠点となるのが「板柳町ふる里センター」だ。ここには、世界各国のりんごを栽培する品種見本園や、りんご資料館、りんご加工工場のほか、農産物直売所、宿泊施設、工芸館などの施設がある。りんご産業と観光要素を融合させるとともに、地場産品の開発・加工、流通システムの整備などを推進しているのだ。私は、今から五年ほど前にここを訪れたことがあるが、多くの町民に親しまれ、利用されていることを強く感じたものだ。

また、平成十四(二〇〇二)年には、「りんごまるかじり条例」という珍しい条例を制定している。これは、生産・栽培などのガイドラインを定め、その情報を公開することで安心して丸かじりできるほど、安全で美味しいりんごを消費者に届けることを目的に定めたものだ。

さらに、年間を通してりんごに関わるイベントも多く開催されている。春は、りんごの受粉に貢献するマメコバチに感謝する「マメコバチ感謝祭」。夏は、りんごの豊作を願う「りんご灯まつり」。秋は、収穫期を満喫する「まるかじりウオーク」。冬は、雪を楽しむ「いたやなぎ雪まつり」と、まさにりんごづくしの一年だ。

板柳町は、札幌市議会議員、長内直也氏の父君の出身地である。その父君がお亡くなりになる前に何度かお会いして話をしたことがあるが、それは見事で、一点の文句もつけられないほど完璧な津軽弁であった。ご子息の直也氏が分からないのも無理はない。札幌市民になって七十年近く経っても津軽弁が抜けなかったということは、それだけ郷土愛が強いからなのか…？

それにしても、札幌市議会議員には、青森県に所縁のある方が多い。後述するが、旧・平賀町（現・平川市）は、五十嵐徳美氏の父君の出身地である。

（九）新田開発がつくったまち

つがる市は津軽半島中西部に位置し、平成十七（二〇〇五）年に、木造町《きづくりまち》、森田村《もりたむら》、柏村《かしわむら》、稲垣村《いながきむら》、車力村《しゃりきむら》の一町四村が合併して誕生した人口約三万九千人の市だ。

ここも弘前藩の新田開発によって開拓された地域で、広須新田と木造新田の二つの拠点によって開発が進められた。

実は、この地方一帯こそが、司馬遼太郎をして

「コメ一辺倒政策の悲劇といっていい」

と言わしめた地域である。この地域はどのような来歴を辿ったのだろうか。

屏風山のメロン・スイカ（提供：青森県観光情報サイト）

木造地区（旧・木造町）は木造新田の中心地で、元和《げんな》元（一六一五）年に、新田役所（後に代官所と改称）が設けられ、本格的な開拓が開始された。後に、大地主が誕生した地域でもあり、新田の開拓者精神を継承した独自の文化を持つ地区でもある。

それを象徴するのが、弘前藩が実施した屏風山《びょうぶさん》植林事業だ。日本海の七里長浜に沿った砂丘である屏風山。その一帯はかつて不毛の地であった。そこに、四代藩主・津軽信政《のぶまさ》によって、天和《てんな》二（一六八二）年から植林が始められた。現在では、延長約十八キロメートルの屏風山防風保安林として、潮風や巻き上げられる砂を防ぐ重要な役割を果たしている。その内陸部には水田地帯が広がり、砂丘地帯にはメロンやスイカなどの「つがるブランド農産物」八品目の生産が行われている。津軽最大の圃場《ほじょう》整備事業の進展と、屏風山の開畑とが相まって、新しい農業地帯として再生した地区なのだ。

一方、縄文土偶の象徴として知られる国重要文化財の「遮光器土偶」の実物は、現在、東京国立博物館に保存されているが、地元木造地区では、縄文住居展示資料館「カルコ」にそのレプリカが展示されている。遮光器土偶は「しゃこちゃん」の愛称で親しまれ、掲示板からマンホール、温泉の看板に至るまで、木造地区の各所でその姿を見ることができる。特に、JR木造駅舎壁面にそびえ立つ巨大な雄姿は圧巻だ。亀ヶ岡石器時代遺跡やJR木造駅については、別項に詳述しているので参照されたい。

岩木山麓に位置する森田地区（旧・森田町）は、縄文土器の出土にみられるように、その歴史は古い。開拓が本格化したのは寛文《かんぶん》年間（一六六一〜七三年）から元禄《げんろく》年間（一六八八〜一七〇四年）にかけての新田開発によるものだ。草分け名主がみられ、戦前には大地主の家が多かった地区である。

地区には、滞在型リゾート施設の「地球村」があり、人気を集めている。野外劇場やオートキャンプ場、宿泊施設、温泉などからなる津軽地方最大のレジャー施設で、県外からも多くの観光客が訪れている。

柏地区（旧・柏村）は広須新田開発によって開拓された地区である。市営の温泉施設「柏ロマン荘」があり、別項にも詳述したように、そこは我が同期会が還暦祝いを行った宿泊施設である。

そんな柏地区には、ある逸話が存在する。

津軽統一を果たした津軽為信が、天正《てんしょう》四（一五七六）年、戦いの合間に領内を巡視した折、湿地帯の萱原に立ち昇る人煙を発見した。訪ねてみると、大きな柏の木の側に、みすぼらしい茅葺きの家が三軒立ち並び、そこには三人の男が住んでいた。為信が土地名を尋ねると「あり巣村」と答えたという。これは、柏の木の根元に大きなありの巣があったことから、男がとっさに答えたのだといわれている。そこは、戦いに敗れた落ち武者たちの庵であった。為信は何も心配ないことを伝えると、配下の者には彼らを粗末に扱わぬよう命じたという。

この話は実話として郷土史にも載っているが、柏地区ばかりではなく、津軽地方一帯が中世から落ち武者の郷としても知られており、この地域は為信によって「広須村」と命名され、以後、広須新田の中心地として発展した。明治時代になって、新田発祥のシンボルとなった大きな柏の木にちなんで柏村と改称したのだ。

柏地区は米とりんごが主産で、日本最古のりんごの木があることでも知られている。明治十一（一八七八）年に古坂乙吉が植栽したりんごの古木三本が風雪に耐えて今も残っている。通常、りんごの木の寿命は三十年ほどだが、樹齢百五十年近いこの木から現在も二十個ほどのりんごが収穫されていて、「りんごの樹」の名で青森県の天然記念物にも指定されている。

日本最古のりんごの木（提供：青森県観光情報サイト）

稲垣地区（旧・稲垣村）もまた広須新田開発によって開かれた地で、現在も美しい水田地帯が広がる。二十年以上前のことだが、札幌から友人を案内して稲垣温泉旅館に宿泊したことがある。それは、この宿が田んぼの真ん中に一軒だけポツンと建っていることで有名だったからだ。カエルの鳴き声を聞きながら温泉に浸かるのも風情があった。それが目当てで、今では県外からの観光客にも人気が高い。

車力地区（旧・車力村）も広須新田開発によって開拓された地域であるが、「山背」による凶作の影響を最も強く受け、さらには長年に渡って地主制にも苦しんだ地域でもある。大正時代、見かねた村医の岩渕謙一と弟の謙二郎の指導により、青森県初の農民組合が結成され、県内初のメーデーが行われたことで有名になった。このことは、別項でも取り上げたが、戦後の十三湖干拓事業によって、かつて腰まで水がつかるとさえいわれた腰切田は美田と化したのである。

このように、現在のつがる市を構成する旧町村は、弘前藩が行った新田開発によって発展を遂げたのだ。

(十) 高山稲荷神社とチェスボロー号事件

十三湖から日本海の海岸線を南下して、鯵《あじ》ヶ沢町川尻に至るまでの七里長浜は、その名のとおり二十八キロメートル（約七里）以上の海岸線が続く長大な砂浜である。砂浜と並行して点在するいくつかの湿原や泥炭地では、ノハナショウブやニッコウキスゲの群落が見られる。津軽国定公園にも指定されていて、透明度の高い遠浅の海が広がる美しい海岸線は、絶好の散策スポットとなっている。十三湖の海へと繋がる河口から日本海に沿って南に伸びる道は、十三道とよばれている。この道は砂丘の台地や湿原を避け、海岸線からやや内陸側を並行するように走り、古くから地域の重要な交通路だった。この十三道を十三湖口から南下してくると、巨大な鳥居が目を引く。そこを進むと、前述した丘陵地帯と低湿地帯からなる屏風山が広がる。その北西の外れに海を見下

高山稲荷神社（写真撮影：三上洋右）

ろす緑の深い小山があり、その頂上にお稲荷様が祀られている。その神社は高山稲荷神社《たかやまいなり》であり、まさに今、私は『高山稲荷神社史』を手にしている。

私は、北海道神宮を参拝する議員の会「爽政会《そうせいかい》」の会長を務めている。北海道神宮の前・権宮司、角田秀昭氏（現・上川神社宮司）は、旧・金木町出身で懇意にしていただいているが、その角田氏は若かりし頃、高山稲荷神社にご奉仕されていた。そんなご縁から高山稲荷神社を参拝するよう奨められていたのだった。

かくして、平成十五（二〇〇三）年八月、高山稲荷神社への初めての参拝が実現し、前出の『高山稲荷神社史』をいただいたのだ。その時、宮司の工藤伊豆《いず》氏は病に伏せておられ、当時は権宮司であったご子息の、工藤均《ひとし》氏に丁重に対応していただいた。その社史を読み進むなかで、かつて、日本海の七里長浜沖で遭難したチェスボロー号遭難事故を知ることになる。今回本書を執筆するにあたり、再び高山稲荷神社を訪ね、今は六代目宮司である工藤均氏に、その事件の話を聞かせてもらうことができた。

チェスボロー号遭難事故とは、明治二十二（一八八九）年十月三十日、七里長浜の中間辺り、旧・車力村牛潟の沖約三百㍍で、アメリカの帆船チェスボロー号が座礁大破し、乗組員二十三人のうち十九人が亡くなったという痛ましい海難事故だ。

チェスボロー号は、函館で積み荷を降ろし、ニューヨークに向けて出港したものの、折からの暴風により航行不能に陥る。気象台によるとこの日は風速六十三㍍、最低気温はマイナス一・七℃が記録されていた。昭和二十九（一九五四）年の洞爺丸台風の瞬間最大風速が四十一・三㍍であるから、いかに猛烈な風が吹いていたかが分かる。そして十月三十日午前七時頃、牛潟《うしがた》地区の沖合で座礁、沈没した。

この事故を目の当たりにした村人たちは、荒れ狂う波風のなかを勇敢にも小さな磯船で現場に向かい、奇跡的に四人を救出した。しかし、このうちの一名はどんどん体温が低下し意識が朦朧となる。この時、村の女性、工藤はんが、人目もはばからず帯を解き裸でその乗組員を抱きしめ

チェスボロー号の遭難事故に関する展示コーナー（高山稲荷神社内）
（写真撮影：三上洋右）

チェスボロー号　模型（写真撮影：三上洋右）

チェスボロー号遭難慰霊碑（写真撮影：三上洋右）

て温めた。こうして瀕死の乗組員は、その献身的な介抱によって一命をとりとめたのである。

この女性の夫である工藤吉右衛門こそ高山稲荷神社の初代常勤者で、この遭難事件以前にも、道端で倒れている人や凍死寸前の人を助けた善行により青森県から感謝状が贈られている。工藤夫妻の子孫は、その後代々、高山稲荷神社の宮司を務め、曽孫にあたる先代宮司の工藤伊豆氏は、全国の神社を統括する神社庁事務総長を務めた方でもある。このように、高山稲荷神社とチェスボロー号遭難事故は、実に関係が深いのだ。

神社近くの高山小公園には、事故で犠牲となった十九名の乗組員の氏名が刻まれた慰霊碑が設置されている。そして、宿坊にはチェスボロー号遭難事故に関する資料が展示され、工藤はんの胸像とともに当時の懸命な救助活動の様子を広く紹介している。

（十一）国境を越えた人間愛

チェスボロー号遭難事故は、静かな田舎の村にとって未曽有の出来事だった。救助された四名の乗組員たちは次第に元気を取り戻してきたが、言葉はまったく通じず、村人が握り飯を差し出しても食が進まなかったという。

どうしたものかと思案した結果、青森県庁に知らせて応援を仰ぐことにしたのだ。しかし、当時、この地区には電信も電話もない。早馬を仕立てて走らせる計画も立ててはみたが、時はすでに夕暮れが迫っていた。暗い山道を馬で走るのは無理と判断し、結局、人を走らせることになった。

選ばれたのは村一番の健脚、佐々木兵次郎と鳴海寅吉の二人の若者だった。

特に佐々木家は村一番の健脚の血統といわれ、兵次郎も当時は、馬と競争しても勝つくらい速かったともいわれた。身軽な装いに大きな握り飯数個と履き替えの草鞋《わらじ》を包んだ風呂敷を背負い、韋駄天走に青森町（現・青森市）へと急いだ。

兵次郎と寅吉は、野を越え山を越え、夜通し必死に走り抜いて、翌三十一日の午前零時に青森県庁の扉を叩いたのだ。二人は、車力村から青森町までの約十六里、六十四キロメートルの山道を約九時間で走破したことになる。

知らせを受けた知事は、直ちに県警の警部補と通訳の派遣を命じ、伝えに来た若者にはパンとワインを持たせ、二人の案内で七里長浜へと出発させたのである。派遣された一行は、三十一日の午後四時頃、車力村牛潟地区に到着。通訳の流暢な英語を聞いた乗組員たちは満面の笑みをうかべて喜んだという。そして、青森町から携えてきてくれたパンとワインに感謝しながら、遭難前後の状況や乗組員の氏名、年齢、国籍などを詳細に語った。

ところで、通訳たちが駆けつけるまでの間、村人と乗組員が交わした微笑ましいエピソードが残っている。乗組員が回復に向かうにつれて村人も一応の落ち着きを取り戻した頃、村の駐在巡査が会話を試みた。「フェアー、アー、ユー、フローム?」と聞きたいが、その英語が出てこない。なにしろ巡査は中学一年生の学歴しかなかったので、わずかに覚えていた英語を思い出し、いとも真面目な顔をして、第一問を発した。

「アー、ユー、ナポレオン?」

乗組員たちは、しばらく互いに顔を見合わせながら頭を横に振った。続いて第二問、

「アー、ユー、ビスマルク?」

しばらく考えるが、また頭を横に振る乗組員たち。少し時間をおいて、おもむろに第三問が発

せられた。

「アー、ユー、ワシントン？」

固唾《かたず》をのんで見守る村人に、今度は乗組員たちも、

「イエース、イエース」と答え、何度もうなずいたという。

巡査は村人に向かって、「この人たちはアメリカ人ですよ」と言って、口ひげをなでながら厳しい顔を綻《ほころ》ばせ、にっこり笑ったというのである。彼はその国の代表的な人物を問うて、フランス、ドイツ、アメリカのいずれの国籍かを判明しようとした優れた機転と頓知の持ち主であった。

こうして、村人たちの勇敢な救助活動と献身的な介抱によって奇跡的に助かった四人の乗組員は、救助されてから三日後車力村を後にし、青森、函館、横浜を経由してアメリカへと帰って行ったのだった。この、国境を越えた人間愛に満ちた出来事は感動とともに語り継がれ、現在《いま》に伝えられている。

そして、チェスボロー号遭難事故から百年を契機にした平成二（一九九〇）年からは「チェスボローカップ水泳駅伝」が開催されている。命を救うために尽くした先人の勇気と、人間愛の気持ちを絶やさないという願いを込めて、「勇気と愛は海を越える」というスローガンのもと、毎年、全国はもちろん世界各国から参加者が集まる大イベントとなっている。

（十二）津軽の京まつり

鰺ヶ沢町《あじがさわまち》は、西津軽郡西部に位置する人口約九千六百人の町で、西津軽において合併を選択しなかった唯一の自治体である。

津軽最古の地名集、『津軽郡中名字』に記載が残る古い地域だが、全国的にその名が知られるようになったのは、弘前藩の外港として奉行所や藩の米蔵が建てられ、西廻海運による千石船の往来が盛んになった頃からである。

鰺ヶ沢は、十三《とさ》、青森、深浦とともに「津軽四浦《しうら》」とよばれる港のひとつに数えられ、弘前藩から上方に向けた米の搬出は、その大半が鰺ヶ沢港から積み出された。同時に、上方からの物資は、鰺ヶ沢港に陸揚げされ弘前城下に運ばれた。鰺ヶ沢町の「白八幡宮大祭《しらはちまんぐう》」は、京都の祇園祭に似ていることから〝津軽の京まつり〟とも称されるが、それは、北前船によって上方から運ばれてきた文化の影響を受けたものと考えられている。

この白八幡宮大祭は、武運長久、家内安全、五穀豊穣、災難消除を願う行事として、延宝《えんぽう》五（一六七七）年、弘前藩の仰せつけにより始まったとされる。大祭の一番の見どころは、鰺ヶ沢町の無形文化財に指定されている神輿渡御行列、「神幸祭《しんこうさい》」だ。二基の神輿を中心に、神職や裃

白八幡宮大祭（提供：旅東北ホームページ）

姿の奉行役などが古式ゆかしい装束に身をまとい、鉄砲、槍、弓のほか御神酒や御神宝を捧げ持つ人々は二百名以上におよび、その行列は一キロメートルにも達する。これに各町内の山車が雅な祇園囃子を奏でながら続く、まさに一大絵巻なのだ。行列の中心となっている現在の神輿は、貞享《じょうきょう》二（一六八五）年に上方で制作されたもので、幾度の修理を経て今も大切に受け継がれている。

大祭三日目には、御座船に神輿を載せる「海上渡御」も行われる。海上に繰り出した御座船では大漁が祈願され、その後方には大漁旗で飾り立てた数多くの漁船が続き、華やかさを一層際立たせる。それは、藩政時代、御用港として栄華を極めた鰺ヶ沢の面影を今に伝え、上方の風情を感じることができる伝統行事である。

私は、鰺ヶ沢町は何度も訪れているが、この「白八幡宮大祭」には、残念ながら巡り合ったことがない。ぜひ一度は観たいと願っている。

その代わりという訳ではないが、いつも必ず立ち寄るのが、道の駅ならぬ海の駅「わんど」だ。「わんど」とは津軽弁で「私たち」を意味する。その名の通り、地元産の鮮魚や水産加工品をはじめ農産物も充実していて結構な繁盛ぶりだ。二階は、鰺ヶ沢相撲館「舞の海ふるさと桟敷」になっている。「技のデパート」といわれた元小結・舞の海や、元関脇・綾川《あやがわ》などが生まれ育った鰺ヶ沢町は、昔から相撲が盛んな町なのだ。化粧まわしや貴重なトロフィーなどの展示をはじめ大相撲の歴史紹介や、名場面映像の放映など、相撲ファン必見のスポットだ。鰺ヶ沢町には観光施設は少ないが、日本海と海岸線

海の駅「わんど」鰺ヶ沢相撲館（提供：青森県観光情報サイト）

が織りなす景観そのものが何ものにも勝る観光資源なのである。

(十三) 弘前(津軽)藩発祥の地

実は、鰺ヶ沢町の種里《たねさと》地区は、弘前(津軽)藩発祥の地なのである。

南部久慈(現・岩手県久慈市)の領主であった大浦光信がこの地に入ったのは延徳《えんとく》三(一四九一)年のこと。種里城を居城に近隣を平定し、津軽平野に進出して大浦城を築城した。その五代後に津軽統一を果たした大浦(津軽)為信へと続く歴史の一歩が、ここ、種里地区なのだ。

このような経緯から、光信は弘前(津軽)藩の始祖として仰がれ、種里城跡は弘前藩発祥の地とされてきた。光信の遺徳を偲び、種里城跡に建てられたのが「光信公の館」で、城跡の発掘資料や弘前(津軽)藩ゆかりの資料などが展示されている。この資料館を含む一帯は史跡公園として整備され、光信が埋葬されたという「御廟所《ごびょうしょ》」のほか発掘遺構の平面展示などが見学できる。

昭和三十九(一九六四)年、津軽家十四代当主、津軽義孝氏の四女・津軽華子様は、常陸宮殿下とご婚約された。その報告のため、ご両親の義孝氏、久子さんとご一緒に、光信公の御廟所を参拝されている。その当時の様子がわかる写真が「光信公の館」に飾られている。また、館の前庭には、家紋の「津軽牡丹」にちなんで植えられた八百本の牡丹が、毎年五月中旬から六月上旬

光信公の館（種里城跡）（提供：青森県観光情報サイト）

にかけて見事な大輪の花を咲かせるのだ。

話は逸れるが、私が札幌市議会議長にあった当時、役職上、様々な公式行事に出席する機会があった。常陸宮殿下が総裁をお務めの公益社団法人発明協会の札幌での会合もそのひとつで、レセプションでは、常陸宮妃殿下の侍女長の隣席に私が座った。会食ということもあり、侍女長は寡黙で、滅多なことでは話さぬご様子であったが、私は意を決し言葉をかけてみた。

「私は津軽出身で、いうなれば妃殿下は我々のお姫様です。種里の資料館には、妃殿下がご結婚前にご両親と訪れたお写真が飾られていますが、日本一の桜の名所、弘前城へは行かれたのでしょうか。」

弘前城は、日本を代表する桜の名所だ。

必ずや訪れているに違いないと思い尋ねてみたところ、侍女長は予想に反して、
「お立場上、警備の問題などもあり、ご迷惑を掛けないようお花見時の訪問は実現していないと思います。」
そのようなお言葉が返ってきたのだ。なるほど、皇族というお立場では日常の行動は一般人とはまるで違う。不自由な立場がお気の毒にさえ思えたのだった。

余談にはなるが、私は、鰺ヶ沢町に一生忘れられない思い出がある。平成十一（一九九九）年八月十五日のお盆のこと、旧・小泊村折戸の姉の家に寄宿していた私は、同級生の小山内清光さん、三上直さんと、札幌に暮らす今泉出身の藤永夏子さんの四名でゴルフに興じた。この時、生まれて初めてのホールインワンを達成したのだ。

そのゴルフ場は、プリンスホテル系の鰺ヶ沢高原ゴルフ場で、今は青森スプリングゴルフクラブに名称が変わっている。折戸からゴルフ場までは車で一時間半の距離で、日本海に沿った十三道を往復してゴルフに興じたのである。

そのシーンは、今でもはっきりと覚えている。打ち下ろし百五十ヤードショートホール、私は初心者だから七番アイアンを持つところだが、左側に池があったため、池まで届かない九番アイアンを選んだ。気持ち良く、思いっ切り振り抜いた。すると、コロコロ、スーッとボールがカップに

吸い込まれるように入ったのがティグラウンドからも見えたのだ。ワーッと歓声を上げたのも束の間、ハッと気が付いた。ゴルファー保険が切れたままだ。ホールインワンは、ゴルフ仲間たちと喜びを分かち合う慣習があるため、その保険制度がある。だが、その保険金が出ない。かといって、一生に一度あるかないかといわれているホールインワンだ。結局のところ。自費でその喜びを仲間と分かち合ったのであった。

後に、このコースでは、後援会の役員と再びプレーをしたが、その時はなんと、同じショートホールで七打も打ってしまった。池にはまったのである。やはり、それが実力であった。

（十四）海の要衝

西津軽郡深浦町《ふかうらまち》は、鰺ヶ沢町に隣接する日本海に面した人口約七千人の町で、平成十七（二〇〇五）年に岩崎村と合併した。町域の大部分は白神山地で、海岸線まで険しい山岳が迫っている。

『日本書記』には、斉明天皇四年（六五八年）に蝦夷《えみし》征夷の進軍をした阿倍比羅夫《あべのひらふ》は、降伏させた蝦夷を「有間浜《ありまはま》」に集めて饗応《きょうおう》したと記されている。この有間浜は、現在の深浦町にある吾妻浜《あづまはま》だという伝説がある古い土地である。また、かつては「吹浦《ふくうら》」といわれ、鎌倉・室町時代

円覚寺（提供：青森県観光情報サイト）

には、十三《とさ》安藤氏の支配に属し、安藤水軍の拠点のひとつとして栄えたといわれる。

深浦は、松前航路と下北航路の分岐点にあたり、強い波風から船を一時的に避難させる藩内一の風待港であった。このため、北前船の出入港で、明治末まで栄えた港である。同時に、近隣から産出されたヒバやスギ、ケヤキなどの木材を上方へ積み出す港でもあったことから、深浦町にも早くから上方の情報や文化が流入した。このように、海運の要衝としての役割を担った深浦港が、漁港へと転換していくのは大正に入ってからのことである。

深浦港のほど近くにある円覚寺《えんがくじ》は、古くから港と深い繋がりを持つ寺だ。創建は大同《だいどう》二（八〇七）年、坂上田村麻呂によって観音堂が建立されたのが起源とされる。弘前藩の歴代藩主がたびたび堂宇《どうう》の建立や修繕を行うなど、手厚い加護が施された格式の高い寺である。そして、深浦港が北前船の風待港として栄えると、港の入り口にある円覚寺は、船乗りや商人の信仰を集め、航海安全・商売繁盛の祈願寺となっていった。江戸から明治時代にかけて奉納された船絵馬などは、「円覚寺奉納海上信仰資料」として国の重要有形民俗文化財にも指定され展示されている。一方、室町時代に寄進された「円覚寺薬師堂内厨子」は、青森県内最古の建造物として国指定重要文化財に登録されている。

深浦町域の大部分を占める白神山地には、世界中から多くの観光客が訪れている。白神山地は、青森県から秋田県にかけて広がる総面積十三万ヘクタールの山岳地帯で、世界最大級のブナ原生林が今も手つかずのまま残る。国の天然記念物であるクマゲラ、イヌワシをはじめ貴重な動植物が生息し、平成九（一九九七）年には、鹿児島県の屋久島とともに、日本初の世界自然遺産に登録された。その主峰、白神岳には登山道が整備され、山頂では六月上旬から七月下旬にかけて高山植物が咲き誇る。

津軽国定公園にも指定されている十二湖はブナの森に囲まれた三十三の湖沼からなる美しい湖群だ。元禄《げんろく》十七（一七〇四）年の大地震による山崩れによってできたといわれ、その当時、崩れた山から眺めると十二の湖沼が見えたことからその名がついたという。四季折々の美しさを見せ、特に、青インクを流したような神秘的な「青池」は十二湖を代表する名湖である。

白神山地（提供：青森県観光情報サイト）

十二湖　青池（提供：青森県観光情報サイト）

また、深浦の海岸線に映る夕日は日本一との評判をよび、夕日の町としてもその名が知られているのだ。

そんな風光明媚な深浦町が、実はマグロの水揚げ量が青森県内一位であることをご存じだろうか。このことは意外と知られていない。そこで「マグロは大間だけではない！」と立ち上がったのは地元の漁師たちだけではなかった。町役場を挙げてマグロの振興策に取り組み、それが高じて、役場庁舎内に全国初のご当地グルメ専門食堂「役場マグステ食堂」が開設されたのだ。毎週水曜が定休日だが、役場が閉庁している土曜・日曜・祝日も営業する力の入れようだ。一番人気は深浦マグロステーキ丼で、このメニューにまつわる秘話が、『ご当地グルメヒーローズ』という一冊の本になっている。故郷に

深浦マグロステーキ丼（提供：青森県観光情報サイト）

観光客をよび寄せ、町を元気にしようと取り組む関係者の意気込みが伝わってくる一冊だ。

深浦は五所川原市の経済圏ではなく、隣接する秋田県能代市の経済圏に入る。ここに、古くからの秋田と津軽の関係性を見ることができるのだ。

三　中弘南黒地区

中弘南黒地区は、弘前市、黒石市、平川市、中津軽郡西目屋村《にしめやむら》、南津軽郡藤崎町《ふじさきまち》、大鰐町《おおわにまち》、田舎館村《いなかだてむら》の三市二町二村で構成される地域圏だ。「中弘南黒」とは、それぞれの市・郡の頭文字に由来するが、平川市は〝平成の大合併〟で誕生した市なので、それ以前からよばれていたこの地域名には含まれていない。この地域圏は「中南圏域」ともよばれ、圏域人口の六割を占める弘前市を中心に、他の市町村が比較的近い距離に取り囲むように位置し、弘前市を中心とした都市圏を形成している。

（一）活気と情緒が交わる城下町

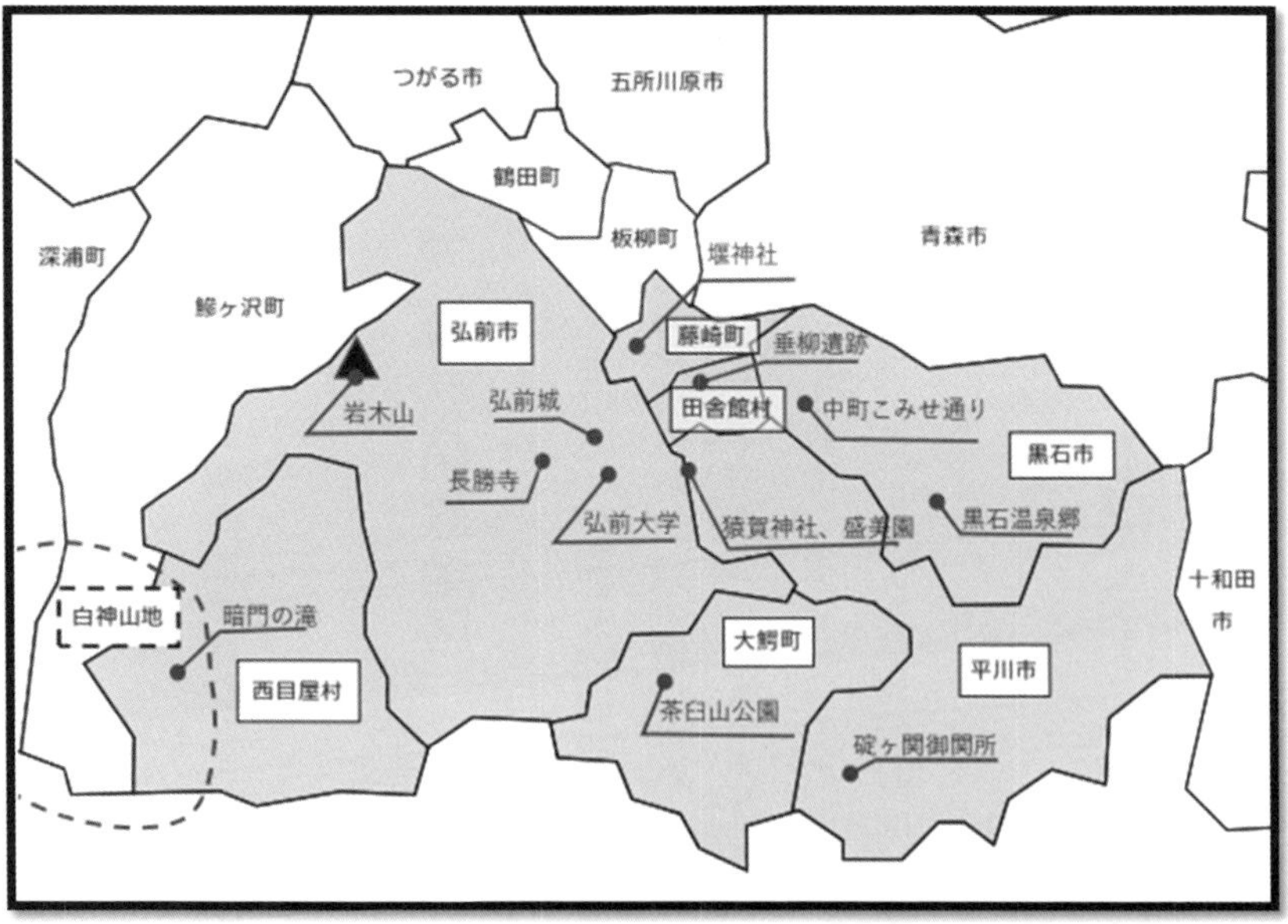

中弘南黒地区

弘前市は、弘前藩の城下町として発展した人口約十六万人の都市で、明治二十二（一八八九）年に、日本で最初に市制施行した三十都市のひとつだ。現在も、津軽地方の中心都市として、周辺の自治体を含めた人口約三十一万人の弘前都市圏を形成している。

天正《てんしょう》十八（一五九〇）年、津軽統一を果たした大浦為信は、豊臣秀吉から四万五千石の領地を拝領したのを機に、「大浦」から「津軽」に改姓し、文禄《ぶんろく》三（一五九四）年、居城を大浦城から堀越城に移して弘前藩の基礎作りを開始した。慶長《けいちょう》五（一六〇〇）年の関ヶ原の戦いで東軍についた為信は、徳川家康から二千石の加増を受け、四万七千石の弘前藩が成立、初代藩主に就いた。徳川幕府の時代に入り、後に弘前と改名される高岡の地で新たな町割りを行い、次々と領地を開拓しながら築城計画を進めた。しかし、慶長九（一六〇四）年、為信は、京にて病を発症した嫡男・信建《のぶたけ》を見舞うために上洛するも、自らも病となり京で逝去。これにより築城計画は中断することとなる。

為信の遺志を継いだ二代藩主・信牧《のぶひら》は、慶長十四（一六〇九）年、築城を再開する。居城以外のすべての城の破却を命じた「一国一城令」により、堀越城、大浦城の遺材を転用して急ピッチで築城が進められ、慶長十六（一六一一）年、わずか一年数カ月で弘前城は完成したのである。

前述のように、藩の当初の領地の石高は、豊臣秀吉から拝領した四万五千石に、関ヶ原の戦いの功により徳川家康から加増された二千石の合計四万七千石であった。そのことから「津軽五万石」と称されたのである。それが、二百五十年後の幕末には、三十万石の大名になっていた。その経緯は、戦国時代の終焉によって、もはや戦いによって領地を拡大することは望めず、石高を増加するには、今でいうところの公共事業、新田開発による手法に頼らざるを得なかったからである。新田開発は弘前藩が行った重要政策であり、これによって、後に津軽平野は豊饒の大地に生まれ変わった。津軽地方の発展の基礎は、弘前藩によって築かれたのである。

弘前藩主津軽氏の居城であった弘前城は、江戸時代に建造された天守や櫓《やぐら》などが現存し、重要文化財に指定されている。天守付近の本丸石垣の改修工事では、平成二十七（二〇一五）年、天守を「曳家《ひきや》」で移動させたことが話題となった。また、弘前公園の約五十種類、約二千六百本の桜は、日本三大桜の名所に数えられ、全国から年間二百万人以上の観光客が訪れる。

弘前市内にある弘前大学は、昭和二十四（一九四九）年、弘前高等学校、青森師範学校、青森青年師範学校、青森医学専門学校、弘前医科大学を母体として設置された五学部・九大学院研究科・二付属研究所を有する総合大学だ。この大学の設立によって、弘前市は学園都市としても発展してきた。なお、弘前大学は令和六（二〇二四）年、札幌市と「就職促進に関する協定」を締結している。

弘前市を訪れていつも私が感じるのは、昼夜を問わず、街なかに若い人たちの活気があることだ。それは、弘前市が学園都市であることに理由がある。札幌市の職員にも弘前大学出身者がいるので話を聞いてみると、ほとんどの学生

弘前大学（提供：弘前大学）

禅林街 長勝寺　三門（提供：青森県観光情報サイト）

は居酒屋などでアルバイトの経験があり、学生の六、七割が夜の街にいるとのことであった。街なかに活気があって当然なのである。

弘前市の産業は、米とりんごの生産・販売、りんご加工や津軽塗りの伝統工芸などが盛んだ。弘前市は戦禍を免れたため、市内には旧跡が多く残り、観光客も多数訪れる。元寺町《もとてらまち》、鍛治町など昔のなごりがある古町名は城下町独特の特徴で、訪れる人々の心を和ませる特有の情緒が溢れるまちである。

市内の西茂森《にししげもり》地区にある史跡、禅林街《ぜんりんがい》は、弘前藩主・津軽家菩提寺の長勝寺を最奥に三十三もの寺院が並ぶ寺院街だ。長勝寺境内には、国の重要文化財で青森県最古の銅鐘といわれる「嘉元《かげん》の鐘《しょう》」がある。元々は、藤崎町にあった満蔵寺《まんぞうじ》（現・禅林街の万蔵寺《まんぞうじ》）に、鎌倉幕府九代執権・北条貞時が寄進したと伝わるものだ。また、津軽家の墓所の隣には、津軽に流罪となった九州・対馬藩家老、柳川調興《しげおき》の墓所がある。

このように、弘前市は古都ゆえに、旧所・名跡や逸話には事欠くことがない。紙幅の都合から本書ではここまでに留めるとして、弘前城と日本一の桜の名所については、拙著『蒙古《もんこ》の子守唄』を、また、岩木山と岩木山神社については別章に詳述しているので参照されたい。

(二) 江戸風情が漂うまち

黒石市《くろいしし》は、東西を青森市と弘前市に挟まれ、北は旧・浪岡町、南は旧・平賀町に接した人口約三万人の市である。「黒石米」と呼ばれる良質な米とりんごの産地として知られる田園都市だ。明暦《めいれき》二(一六五六)年、弘前藩祖・津軽為信の孫、津軽信英《のぶふさ》は、黒石領五千石を分け与えられ、弘前藩の支藩となる黒石藩の藩主となった。以来、廃藩置県まで十一代、約二百年間、黒石は一万石の城下町の中心として繁栄を誇った。しかしながら、明治二十七(一八九四)年に開通した国鉄奥羽本線の建設に住民が反対。このため鉄道は黒石を避けて西側を通ることになり、その後のまちの発展を大きく阻害した。現在は、私鉄弘南鉄道が弘前市までを結んでいる。

黒石市は、米やりんごの産地にふさわしく、農業試験場や国内唯一の「県立りんご試験場」などが設置されていたが、平成二十一（二〇〇九）年、これらの試験研究機関を統合して地方独立行政法人青森県産業技術センターが開設された。それに伴い、「県立りんご試験場」は「県産業技術センターりんご研究所」に改称され、隣接する「りんご資料館」ではりんご栽培の歴史や新品種開発の取り組みなどを紹介している。

また、黒石市には多くの温泉があることでも有名だ。浅瀬石川《あせいしがわ》に沿って温湯《ぬるゆ》・落合・板留《いたどめ》・二《に》庄内《しょうない》・青荷・沖浦・切明《きりあけ》・温川《ぬるがわ》などの温泉が点在する「黒石温泉郷」は、昭和三十三（一九五八）年に県立自然公園の指定を受けている。五千百㌶の自然公園内には、中野紅葉《もみじ》山や青荷渓流など豊かな自然景観が広がり、とりわけ、中野紅葉山は県内有数の紅葉の名所として知られる。これは、黒石領の六代当主で、のちに弘前藩九代藩主となる津軽寧親《やすちか》が、元和《げんな》五（一八〇三）年に京都から百種類以上ものカエデの苗を取り寄せて移植したもので、滝や渓流に映える、燃えるような紅葉が見事だという。加えて、「浅瀬石川ダム虹の湖公園」や、「津軽伝承工芸館」、これに隣接する「津軽こけし館」などの施設には、県内外から多くの見物客が訪れている。

黒石駅から十分ほど歩いたところに、「中町こみせ通り」がある。通りに一歩足を踏み入れると、まるで江戸時代にタイムスリップしたかのような街なみが広がる。「こみせ」というのは、町家の庇などを長く張り出した雪よけの屋根のこと。いわゆる「雁木《がんぎ》造り」といわれるもので、アーケードに似ている。

黒石温泉郷（提供：青森県観光情報サイト）

中野紅葉山（提供：青森県観光情報サイト）

中町こみせ通り（提供：青森県観光情報サイト）

黒石藩時代から残るこの通りには、国の重要文化財「高橋家住宅」をはじめ、造り酒屋や蔵などが立ち並び、ほんの数百㍍の間ではあるが、そこから凝縮された歴史が伝わってくるのだ。この通りをぶらぶら散歩するのも情緒がある。黒石市を訪れた時には、必ず高橋家に立ち寄り、十四代目当主、高橋幸江さんが入れてくれる美味しいコーヒーと手作りの白玉ぜんざいを楽しむことにしている。

(三) 藩境の宿場町

平川市《ひらかわし》は、平成十八(二〇〇六)年一月一日、南津軽郡の尾上町《おのえまち》、平賀町《ひらがまち》、碇ヶ関村《いかりがせきむら》が合併して誕生した人口約三万九千人の市だ。平川市の名称は、合併した三町村を流れる平川に由来す

碇ヶ関関所(写真撮影:三上洋右)

る。当初は新弘前市への合併を目指したことからも分かるように、弘前経済圏に入る。米、りんご、園芸などの産業が盛んで、中世の「津軽六郡」のひとつに数えられたほど、古くから津軽の穀倉地帯の中心地でもある。

旧・碇ヶ関村は弘前藩の最南端、藩境に位置し、藩政時代には羽州街道の碇ヶ関関所が設置されていた。陸奥の最奥にあった弘前藩にとってその軍事的重要性は高く、それは堅固を極めたという。

碇ヶ関は参勤交代時代には弘前藩最初の宿場町としても栄え、藩主の御仮屋が設けられていた。そして、久保田藩（秋田藩とも呼ばれる）との境界線として、治安の維持や物品の移動などを厳しく取り締まっていた。

久保田藩との境に位置する旧奥州街道の矢立峠は、伊能忠敬、吉田松陰、明治天皇も通った〝歴史の道〟として有名だ。羽州街道は、奥州街道の桑折（福島）から、上山、新庄（山形県）横手、能代（秋田県）を経て弘前藩に入る街道で、弘前藩では、碇ヶ関、弘前、浪岡、油川に至り、松前街道に合流する。現在は、国道七号沿いにある道の駅「いかりがせき」に「関所資料館」が整備され、往時を今に伝えている。

旧・平賀町は、旧石器時代から近世にわたる遺跡が多数確認されている歴史ある地域である。度重なる合併を経ながら、恵まれた大地のもと、農業を基幹産業として発展してきた。また、「平賀温泉郷」は古くから域内の人々に愛されてきただけではなく、「碇ヶ関温泉郷」とともに、その名が知られ、県外から訪れる人も多い。

札幌市議会議員の五十嵐徳美氏の父君は旧・平賀町出身である。同じく札幌市議会議員の長内直也氏の父君は板柳町出身だ。本書を執筆するにあたり、札幌市と青森県の人的つながりの深さを改めて感じたところである。

（四）豊平神社につながる猿賀神社

旧・尾上町にある猿賀神社の歴史は古い。蝦夷討伐の将で、仁徳天皇五十五（三六七）年に伊峠水門《いしのみと》で敗北し、後に大蛇の姿になって蝦夷を平定したとされる上毛野君田道命《かみつけのきみたみちのみこと》を主祭神とし、保食神《うけもちのかみ》（五穀をつかさどる神、食物の神）を合わせ祀る神社なのだ。

札幌市豊平区の豊平神社のご祭神は、この猿賀神社のご分霊である。このため、平成二十五（二〇一三）年に斎行された〝鎮座百三十年祭〟では、猿賀神社の宮司・山谷敬氏をはじめ、多くの役員のご参列を得た。山谷氏とはその後も懇意にさせていただき、拙著『蒙古《もんこ》の子守唄』の執筆に際してもご尽力を賜った。

そんなご縁から、山谷氏には『蒙古の子守唄』を謹呈させていただいたのだが、その電話を受けたのは、それから一ヵ月ほどが過ぎた頃だった。

山谷氏が知人に本を紹介し、さらに、その知人の友人へも伝わった。お二人は頭の片隅に微かに記憶していた「寝んねば山がら蒙古《もんこ》来るぞ」という子守唄の意味がやっと分かり深い感銘を受けたという。ついては、その友人知人が私との面会を切望しているという大変嬉しい申し入れであった。

両氏は、ともに弘前市在住の歯科医師で、お一人は山谷氏の高校の同級生、中澤康臣氏、もうお一人は中澤氏の仲人をされた三上弘之氏であった。後日弘前市での食事が実現したのだが、初対面とは思えないほど盛り上がり、話しは夜遅くまで尽きることがなかった。その子守唄は、昔、母親や祖母から聞かされてはいたが、それが意味するところは分からなかった。『蒙古の子守唄』を読んでやっと腑に落ちた。その時の清々しさには感動すら覚えたという。私にとっても実に嬉しい出会いであった。

それから間もなく、三上弘之氏からの紹介を受けたという札幌市豊平区在住の熊谷勝弘氏から手紙を受け取った。熊谷氏もまた津軽地方の出身で、三上弘之氏とは弘前市立第三中学校の同期生だという。今は北海道開発局を退職されていると記されていた。手紙には三上氏との関係から『蒙古の子守唄』の感想までを、こちらが恐縮してしまうほど丁寧な文章で綴られていた。後日早速ご自宅に伺ってお礼を申し上げたのだった。

猿賀神社（提供：青森県観光情報サイト）

話は少々脇道に逸れてしまったが、猿賀神社で毎年旧暦一月七日に行われる〝七日堂大祭〟は、弘前市の岩木山神社、鬼神社のそれとともに〝津軽の七日堂祭〟として、平成二十一（二〇〇九）年、国の「選択無形民俗文化財」に指定された。また、「猿賀神社　十五夜大祭」では旧暦八月十四日、県無形民俗文化財で格式の高い芸能として知られる「津軽神楽」が奉納される。そして、約一万五千坪に及ぶ広大な境内には「鏡ヶ池」と「見晴ヶ池」がある。鏡ヶ池は北限の蓮の群生地としても知られ、池一面に咲き誇る蓮の花の美しさは圧巻だ。この蓮根を加工した「れんこんようかん」は旧・尾上町時代からの特産品としても知られている。

猿賀神社に隣接するのが国の名勝に指定されている「盛美園《せいびえん》」だ。そのパンフレットには「ここには誰も知らない秘密がある」と記されるとおり、「盛美園」と「清藤《せいとう》家」の関係は意外と知られていない。私がその由来を知ったのは、猿賀神社の宮司・山谷敬氏を通じてのことであった。

（五）唐糸御前と清藤家

鎌倉幕府五代執権・北条時頼《ときより》の家臣、清藤次郎盛秀《もりひで》が、時頼の愛妾であった唐糸御前《からいとごぜん》をお守りして、鎌倉から日本海へ出て北上し、十三湊から津軽の藤崎へ案内した。唐糸御前は、藤崎に本拠を置く安藤氏の息女であったからだ。しかし、唐糸御前は藤崎の地で非業の死を遂げ、盛秀は鎌倉へは戻らず猿賀に居を構え土着するのである。清藤家は代々地主で庄屋や村長も務めた。明治に入ると、士族授産のため十町歩を残して土地は没収されるが、その後は政治的にも経済的にも成功して一族は繁栄を続けた。清藤家の二十四代当主・清藤盛美《もりよし》が、九年の歳月をかけて明治四十四（一九一一）年に完成させたのが「盛美園」である。武学流の神髄を示した名園といわれ、明治時代の作風庭の中でも、京都の「無鄰菴《むりんあん》」「清風荘」とともに、我が国における三名園のひとつに数えられている。庭園は、大石武学流の宗匠・小幡亭樹《おばたていき》を招き作庭した。面積千二百平方㍍の名庭である。

「盛美館」は、この庭園を眺めるために建てられた和洋折衷様式の建物で、和風と洋風、判然と

盛美園（提供：青森県観光情報サイト）

異なった様式が上下に重なる。この、珍しい建築様式は、我が国では他に例がないといわれ、建築家・西谷市助によって、明治四十一（一九〇八）年に建てられたものだ。

庭園内には「御宝殿《ごほうでん》」もあるが、こちらは豪華絢爛である。大正六（一九一七）年に造営され、十畳敷の堂内は全面が金箔で覆い尽くされ、人間国宝の河面冬山《こうもとうざん》が生涯をかけて作った大作の蒔絵もある。なかでも孔雀の蒔絵は日本最大のもので、漆芸の最高峰といわれている。

盛美園の道路向かいには築百五十年の清藤家本邸があり、その敷地内には盛美園が造られる以前に築庭された「清藤氏書院庭園」がある。盛美園同様、昭和五十四（一九七九）年に国の名勝指定を受けている。平成元年の『庭研』第二六三号に掲載された「代表的な武学流八庭園の総合的なアンケート」では、庭園の造形について、清藤氏書院庭園が第一位、盛美園が第四位という結果となった。

初代清藤盛秀が、なにゆえ津軽猿賀地区に根をおろしたかは、拙著『蒙古の子守唄』を参照されたい。

（六）スキーのメッカ

大鰐町《おおわにまち》は、津軽地方の南端に位置し、弘前市と平川市に隣接する人口約七千八百人の町だ。温泉とスキーのまちとして有名で、温泉は古くから碇ヶ関とともに湯治場として知られる。昭和二十八（一九五三）年には、「大鰐碇ヶ関温泉郷県立自然公園」に指定され、六千七百三十ヘクタールに及ぶ広大な園内には、山岳、渓流、滝などの恵まれた自然景観と、津軽の奥座敷として古くから親しまれてきた豊かな湯量を誇る温泉地がある。
この自然公園内にある茶臼山公園は、五月の中旬から下旬にかけて、二十種類、約一万五千本のツツジやサツキ、紅キリシマ、久留米ツツジ、琉球ツツジなどが咲き誇るという。園内を彩る色鮮やかなツツジは、昭和四十一（一九六六）年大鰐中学校の生徒が入学記念に植樹したのが始まりで、その後も現在に至るまで植樹は続けられているそうだ。

茶臼山公園（提供：青森県観光情報サイト）

茶臼山公園はツツジだけではなく、三百種類を超える植物の宝庫であるとともに、六十九の俳句を刻んだ石が園路脇に立ち並ぶ遊歩道「俳句の小径」が、訪れる多くの人々を楽しませている。

阿闍羅山《あじゃらやま》は青森県におけるスキー発祥の地で、山麓にスキー場、山頂付近の高原地帯にはゴルフ場やホテルが整備されている。大正十三（一九二四）年に開催された全日本スキー大会を皮切りに、全国大会が次々と開催され、阿闍羅山はその名を馳せた。平成十五（二〇〇三）年には、冬季アジア大会の会場にもなり、スキー競技のメッカとして多くの選手が活躍した舞台となった。

また、阿闍羅山はかつての山岳仏教の聖地であり、平安時代から続く修験道としても知られていた山だという。阿闍羅大権現を祀る小社がある山頂公園からは、津軽平野、八甲田の峰々、世界遺産白神山地、津軽の秀峰岩木山などを望み、それは息をのむ絶景だ。

大鰐町蔵館《くらだて》に境内を構える大円寺《だいえんじ》は、津軽地方では〝大鰐の大日様〟とよばれ、厚い信仰を集めている。その起源は奈良時代、聖武天皇の国分寺建立に際し、大日如来を阿闍羅山山頂の大安国寺《だいあんこくじ》に安置したことに始まるといわれる。建久《けんきゅう》二（一一九一）年、大日如来は阿闍羅山山頂から蔵館に移され、寺号も「高伯寺《こうはくじ》」に改められた。その後、慶安《けいあん》三（一六五〇）年、弘前藩三代藩主・津軽信義が信仰し、大日如来を京都で修復させ、御堂が現在の場所に建立された。以来、津軽家代々の崇敬を受け、江戸時代末期まで「大日様」として信仰を集めてきた。そして、明治四（一八七一）年の神仏分離に際し、寺号を「大円寺」に改め、現在に至っている。

ここに安置されている本尊の「大日様」は、本来は阿弥陀如来坐像である。なぜ、阿弥陀様を大日様として信仰したのかという謎は未だ解明されていない。ヒバ材が用いられた仏像は、都の仏師が鎌倉時代初期に彫ったものと考えられ、漆箔仕上げ、像高二三三チセンの重厚な姿は、津軽地方最古の仏像である。大正九（一九二〇）年に国の重要文化財に指定された阿弥陀如来坐像は、今も昔も「大日様」としてこの地にあり、温かな日常に欠かせないものとなっている。

（七）堰神社と堰八太郎左衛門

藤崎町は津軽平野のほぼ中央に位置し、東は青森市と黒石市、西は弘前市、北は板柳町、南は田舎館村に接した人口約一万四千人の町だ。特に弘前市へは、町の中心部から約九キロメートルと近く、弘前経済圏に入る。

面積三七・二九平方キロメートルの県内最小の町ではあるが、町域には山岳や原野がなく肥沃な土壌に恵まれている。このため、米とりんごを中心とした豊かな農業地域を形成している。とりわけりんごは国内生産量の約半分を占め、出荷総量日本一を誇る品種「ふじ」発祥の地として知られる。「ふじ」という品種名は、「藤崎町」と、「富士山」にあやかって命名されたものである。

藤崎は中世、安藤氏代々の居城の地として栄えた。その後、鎌倉・室町時代には、安藤氏の拠点港であった十三湊と岩木川の舟運によって結ばれていたが、田舎郡、平賀郡、鼻和《はなわ》郡の「内三郡」が鎌倉幕府の直轄領になると、安藤宗家が十三湊に居を移し衰退していった。拙著『蒙古の子守唄』は、藤崎や十三湊を舞台に活躍した安藤氏の興亡を描いたもので、ぜひ参照されたい。上梓にあたってお世話になった藤崎町長、平田博幸氏には紙上を借りて感謝をお伝えしたい。

さて、近世になり、藤崎は田地として開発が進むが、度重なる水害に農民たちは苦しめられ、堰の整備が急がれていた。そのような状況に堪り兼ね、立ち上がったのが、堰八《せきはち》太郎左衛門安高《やすたか》であった。

「人柱になって、この難を救う！」

太郎左衛門は、安倍貞任《あべのさだとう》の遺児、高星丸《たかあきまる》の子孫である。本姓は安倍であるが、堰八村（現・黒石市）に住むことから姓を堰八とし、名を安高といった。浅瀬石川から水を引く藤崎堰の「堰守」を務めていたが、毎年のように堰口が崩れ、農民が苦しむことから、弘前藩二代藩主・津軽信牧《のぶひろ》に、「人柱」になることを願い出るのである。慶長《けいちょう》十四（一六〇九）年四月十四日、太郎左衛門は「一ハ国恩ヲ報シ、二ハ諸民難苦ヲ救ハン」と言って堰口に仰向けになり、腹の上に杭を打たせたが、苦しむことなく水底に沈んでいったという。

村人は、そこに提を築いて柳を植えた。すると、その後は全く水害もなく、付近の田に水を引くことができたという。村々の人々が、そこに太郎左衛門の霊を水神として祀ったのが「堰《せき》神社」の由来である。

堰神社は、正保《しょうほう》二（一六四五）年に藩主・信牧の命により創建された。以来、水利の神様として信仰を集め、神主は代々、太郎左衛門の子孫が務めている。

神社境内には、太郎左衛門の二百年祭に当たる文化《ぶんか》五（一八〇八）年に建てられた「堰神社祠碑」のほか、樹齢四百年以上といわれる藤崎町最大級の大銀杏がどっしりと構え、社殿には太郎

堰神社（提供：青森県藤崎町）

左衛門が人柱になる場面を描いた絵が奉納されている。

ちなみに、太郎左衛門の子孫の一人に、北海道銀行元頭取の堰八義博氏がいる。義博氏は現在（二〇二四年）、北海道銀行特別顧問、NHK経営委員を務めている。太郎左衛門の尊い志は、時代を超えて受け継がれ、多くの子孫が全国各地で活躍しているのだ。堰八義博氏から、太郎左衛門の子孫であることを聞いたのは、今から十年以上前、私が札幌市議会議長として、北海道銀行本店に堰八頭取を表敬訪問した時のことだ。堰八の姓が珍しかったこともあり、出身地をお尋ねしたところ、ルーツは藤崎町で、先祖が堰八太郎左衛門だということだった。子孫は代々、堰神社の宮司を務めているということも初めて知ったことであった。それ以来、帰省時には機会あるごとに堰神社に参拝をさせていただいている。

ある時、お土産に「白い恋人」を携えて宮司宅をお訪ねした。神社の横で畑仕事をしていた宮司の奥様は、事情を知って大変喜んでいただき、「堰八さんに宜しくお伝え下さい。堰八さんの本当の姓は安倍なのですよ。」と教えていただいた。そういえば、宮司さんの姓も安倍だった。神社前の由緒には、安部貞任の遺児、高星丸の子孫とある。堰八氏は、安倍・安藤氏につながる由緒ある家系なのだ。藤崎町は神社も多ければ、伝説も多く、まさに歴史の宝庫といえる。

（八）田んぼアート

田舎館村《いなかだてむら》は、津軽平野の南側に位置し、東に八甲田山、西に岩木山を望む人口約六千九百人の村だ。豊かな水と地味肥沃な土壌から米やりんごの生産が盛んで、養豚などの畜産にも力を入れている。

その歴史は古く、村内には二十四の遺跡が確認されているが、なかでも「垂柳遺跡《たれやなぎ》」は弥生時代のものとして知られている。昭和五十六（一九八一）年、この遺跡の発掘調査によって、今から千七百年前、弥生時代中期の水田跡が発見された。それまでは、「東北地方北部に弥生時代は

田舎館村の田んぼアート（提供：青森県観光情報サイト）

なかった」といわれていたが、すでに稲作が行われていたことが証明されたのだ。考古学史や農業史を書き換えるほどの大発見であった。

古代、この一帯は「蝦夷地」であった。蝦夷の中央であったので「夷中」と称され、それが転じて「田舎」になったという説と、大和言葉の「稲中」が由来の稲作生活から生まれた名称だとの説がある。いずれにしても「田舎《いなか》」の地名は古くから知られた名称なのである。

さらに、藩政時代の田舎館をみてみると、貞享《じょうきょう》元（一六八四）年から始まった「貞享の検地」では、「上村」の扱いを受けた米どころでもあった。弥生時代から続く稲作は脈々と引き継がれ、田舎館は、昭和四十六（一九七一）年から「米の反収日本一」を連続十一回も記録する全国屈指の農業地帯なのだ。

そんな、米どころ田舎館を象徴するイベントが、田んぼをキャンバスに見立て、色の異なる稲を絵の具代わりにし、巨大な絵を描く「田んぼアート」である。そして、この全貌をゆっくり見ることができるのが田舎館村展望台だ。ここは、今から四〇〇年ほど前の戦国時代に田舎館一帯を統治していた千徳政武《せんとくまさたけ》の居城・田舎館城にちなみ、建物全体が城に見えるよう設計された役場庁舎でもある。天守閣下の四階が展望デッキになっていて、田んぼに描かれた巨大絵画のほか、東には八甲田連峰、西には岩木山など青森県を代表する山々はもちろん、田舎館村の全景と近隣市町村の大パノラマが一望できる。城主になった気分で自分の領土（田舎館村全景）を眺めたとき、「これが私の故郷だ」と感じることができるのだと役場ではいう。

地上から見る岩木山とお城の役場庁舎もなかなか見応えがある。また、庁舎近くの田舎館城跡には、樹齢四〇〇年の「サイカチの大樹」がある。これは、天正十三（一五八五）年に津軽為信に攻められて落城した際、城兵を埋葬した供養樹と伝えられている。

（九）世界遺産の玄関口

西目屋村《にしめやむら》は人口約千百人の中津軽郡に属する唯一の自治体だ。昭和期と平成期の二度にわたる弘前市との合併を見送り、独自の道を歩んでいる山村だ。岩木山南麓に位置し、東は弘前市（旧・

相馬村）、西は鯵ヶ沢町、南は秋田県に接している。村の大部分が山林であることから米の生産量は少なく、古くから薪炭の供給地となっていたが現在はりんごの栽培が盛んだ。

水害や干ばつの被害を防ぎ、津軽平野の田畑に安定的に水を供給するとともに、人口増加に伴う電力需要にも応えるため、昭和三十四（一九五九）年、藤川集落の岩木川上流部に目屋ダムが完成した。これにより、砂子瀬《すなこせ》集落と川原平《かわはらたい》集落が水没したが、代わって誕生した人造湖は「美山湖《みやまこ》」と名付けられ、観光にもひと役かっている。平成二十八（二〇一六）年、下流に津軽ダムが完成すると、目屋ダムは水没してしまったが、ダムの上流には暗門《あんもん》の滝があり、美山湖から暗門の滝までの二十四キロメートルは目屋渓谷として知られる。

世界最大級の原生的なブナ林が分布する世界遺産白神山地。西目屋村は、その入り口に位置している。「見返り坂」は白神山地へ向かう岩木川沿いの穏やかな上り坂で、振り返ると岩木山を中心に見事な絶景が広がることから、この名が付いたといわれ、昭和十一（一九三六）年の「青森八景」に選定された瑪耶渓《めやけい》の絶好の鑑賞地となっている。瑪耶渓とは、現在の目屋渓谷のことで、岩木川上流と、その支流である湯ノ沢川、大沢川、大川など、その一帯を指し、「まやけい」ともよばれていたようだ。

さらに、周辺には二見岩《ふたみいわ》、八郎岩といった奇岩、鷹の巣などの景勝地が連なっている。見返り坂の展望台から見る、岩木山をバックに渓間を流れる岩木川を眺望する景観は村民が最も故郷を

暗門の滝（提供：青森県観光情報サイト）

感じるときだという。

　また、見返り坂に行く途中の「白神山地ビジターセンター」では、ブナの歴史や生態系の関わりをはじめ、臨場感ある映像により、白神山地の四季折々の素晴らしさを伝えている。世界遺産、白神山地を知る第一歩として訪れておきたいスポットである。

第七章　司馬遼太郎への反論

一　コメ一辺倒政策の悲劇

（一）真逆の論説

私が、身の程を知らずに司馬遼太郎への反論を思い立ったのは、司馬の著書『街道をゆく・北のまほろば』の文中、私の認識とは真逆の論説が展開されていたからだ。

司馬は、近世における弘前藩のけかち（飢饉）を、新田開発による「コメ一辺倒政策の悲劇」と決めつけ、以下のとおり記述している。

この藩が明治四（一八七一）年に終幕するまでの三世紀近いあいだ、世間のならいに従って、あるいは幕藩体制の原理どおりに　コメのみに頼った。

コメというのは、食糧という以上に通貨であり、その多寡《たか》（石高《こくだか》制のこと）は身分をあらわした。

この藩は、他の藩と同様、コメを大坂市場に出して現金を得、その現金でもって藩を運営し、藩主の参勤交代の費用を出した。すべての価値を生む源泉が、コメであった。

（中略）

もし津軽藩が、創設早々に、幕府につぎのようなことを申し出ていれば、どうだっただろう。

『わが津軽は、均《なら》して五年に一度、やませという悪風が吹いて稲が枯れます。そのときは藩も農民も立ちゆきません。によって、藩のみ自由な経済のたては許されないものでしょうか。』

津軽藩初期の高《たか》は、秀吉の時代の検地によって四万五千石にすぎなかったことはわかっている。もし津軽藩が、表高《おもてだか》をその程度にとどめ、藩士の人数もその規模でおさえ、参勤交代や江戸での経費も、小《こ》大名なみに我慢していれば出銭《でせん》がすくなくてすむ。

農民に対しては、コメ一色の生産を強いないのである。大いに雑穀をつくらせ、牛馬をふやさせ、一方、漁民の数をふやして干魚を増産させ、さらにはこの藩の唯一の副収入だった林業をいっそうさかんにする。

ところが、現実の津軽藩は、そのようには向かわなかった。

コメが、この藩の気候の上から危険な作物であるにもかかわらず——西方の諸藩でさえ江戸中期以後、換金性の高い物産に力を入れはじめたというのに——コメに偏執し、相次ぐ新田の開発によって江戸中期には実高《じつだか》三十万石をあげるにいたった。無理に無理をかさねた。

表高も十万石に格上げしてもらった。

十万石といえば、中級の大名である。格式が高くなったぶんだけ江戸での経費がかさみ、農民の負担も重くなる。

実高三十万石とはいえ、藩財政は慢性的に赤字で、鴻池《こうのいけ》など大坂商人から借りる借金がかさんで、江戸後期以後は、いまでいう〝銀行管理〟のようになっていた。コメ一辺倒《いっぺんとう》政策の悲劇といっていい。」

(二) 全国の新田開発

司馬の言う「津軽藩」とは「弘前藩」のことだ。司馬も記しているが、当時、コメは、食料という以上に通貨の役割をもち、石高の多寡は身分を表すものであった。それは、徳川家康が江戸に幕府を開いた慶長《けいちょう》八(一六〇三)年に始まる、幕府(将軍)と藩(大名)という封建的主従関係を基点とする「幕藩体制」の基礎であった。この近世封建制度は、大名による土地支配と、強固な身分制度によって社会を秩序だてるものである。幕府はコメの生産量を基準に耕地に石高を割り当て、コメを年貢の形で徴収することで経済的・財政的基盤の安定を図った。

したがって、この体制下では、コメを確保することが政策の根幹となり、その最も重要な手段として、耕地の拡大、すなわち新田開発が年貢を増大させる方法として推進されたのである。

この戦国期から江戸期にかけての新田開発は、北海道を除いた現在の耕地の形状をほぼ形づくるものであった。この時代の新田開発は、中世期以前には開発の手が入らなかった土地条件の不利な未開墾地において実施されている。内陸部の開田は、大規模な工事により大量の用水を導くことによって、それまでは水利の困難であった洪積台地や扇状地の中央部まで行われた。こうした大規模な新田開発は、主に東日本で多く行われた。一方、西日本は、既に大規模な未開墾の土地は少なかったことから、有明海や児島湾などの干潟を大規模に干拓することが始まった。

このように、新田開発は、幕藩体制を支える重要な政策であったことが理解できる。そればかりか、農耕には不利であった土地を懸命に開拓し、現在の北海道を除いた全国の耕地に匹敵する土地をほぼ開墾したというのだから、新田開発は現代農業の基盤を築き、私たちは今もその恩恵を受けていると言っても過言ではない。

それでは、弘前藩における新田開発の様子を、もう少し詳しく見てみよう。

青森県農林部発行の『青森県土地改良史』によれば、弘前藩の新田開発は、元和《げんな》六（一六二〇）年の二代藩主・津軽信枚《のぶひら》の時代に出された「新田開発令」によって始まっている。

弘前藩で採用した新田開発政策は、小知行派立《こちぎょうはだち》政策というものである。それは鍬下年季《くわしたねんき》（江戸時代、新田開発奨励のため、その土地に課せられる租税を一定期間、免除または軽減すること、またはその期間をいう）を三年ないし十年とし、諸役を免除し、新田の一部を開発者に与えて小知行（三十石程度のもの）、あるいは新知士（七十〜百石程度のもの）として、士分（武士の身分）に取り立てるというものであった。

弘前藩の新田開発は、その事業主体によって、小知行派立と御蔵《おくら》派立に分けることができる。小知行派立は、藩政初期における民間の手による小規模開発であり、御蔵派立は、藩直営によって行われた大規模な開発である。

弘前藩の表高は十万石で、新田開発などによる実収穫高（内高）は三十三万石、領主の取り分である現石は十四万石であったといわれる。内高が表高より多いのは普通だが、現石が表高より多い藩は十万石以上の表高の領主では弘前藩しかなかった。それだけ新田開発に力を入れたし利益が大きかったのだ。本州最北端に位置する津軽の新田開発では、たびたび大冷害に見舞われ、荒廃田の続出と廃村、餓死者を多数出した。これらの復興のため、弘前藩は長年にわたって行財政投資を行った。荒廃田の復興や藩営新田の開発は、当時の土木技術では人力に頼るしかない。遠くは能登、越後国、秋田、仙台、盛岡など、広く移住者を募集して、その開発に当らしめたのである。

このように、確かに弘前藩ではコメの増産政策として新田開発を熱心に行っていた。しかし、藩営新田などの大規模開発は、東北、北陸、中国西部、九州などの諸藩でも同様に顕著であった。十六世紀末、豊臣秀吉が行った太閤検地では、日本全土の耕地は約二百万町歩（約二百万ヘクタール）と推定されている。これが、十九世紀後半の明治初期になると、約四百万町歩に倍増し、その間、石高は約千八百万石から約三千二百万石に増大したと言われている。新田開発は、弘前藩に限ったものではなく、幕藩体制を維持するために必要な政策として、全国的に行われていたものであった。

参考『青森県土地改良史／青森県農林部発行』

（三）凶作と飢饉

司馬は『北のまほろば』において、**「津軽は、均《なら》して五年に一度やませという悪風が吹いて稲が枯れます。そのときは藩も農民も立ちゆきません。」**と記している。

果たして、当時の飢饉は弘前藩の特殊事情であったのか。あるいは、飢饉の影響が特に顕著であったのは弘前藩だといえるのだろうか。

『北のまほろば』では、太宰治の『津軽』を引用し、この地方の飢饉の多さから、**「故郷を悲しき国としてなげくのである。」**と記している。

では、『津軽』にはどのようなことが書かれているのか。

「『何せ、こんなだからなあ。』と言ってN君は或る本をひらいて私に見せたが、そのペエジには次のやうな、津軽凶作の年表とでもいふべき不吉な一覧表が載つてゐた。

元和《げんな》一年　大凶
元和二年　大凶
寛永十七年　大凶
（中略）
昭和九年　凶
昭和十年　凶
昭和十五年　半凶
津軽の人でなくても、この年表に接しては溜息をつかざるを得ないだろう。大阪夏の陣、豊臣氏滅亡の元和元年より現在まで約三百三十年の間に、約六十回の凶作があつたのである。まづ五年に一度づつ凶作に見舞はれてゐるといふ勘定になるのである。」

この「或る本」とは、岩波文庫『津軽』の注釈に「雑誌『青森県文化』昭和十六年六月号所収、福田国一作「津軽凶作一覧表」」との記載がある。

凶作の年表は他にも多々あり、全国と津軽地方の比較はなかなか難しいが、太宰が記した津軽凶作の一覧表と、現在記録にある全国の飢饉の発生時期を比べてみると、その多くは重なる。また、江戸の三大飢饉のひとつである「享保の大飢饉」は、西日本が被害の中心地であり、その時期、津軽地方に飢饉は発生していない。
また、気象学者の山本武夫氏によれば、十八世紀の中頃から十九世紀の中頃にかけての約一世紀の期間は世界的な「小氷河期」の気候であったという。それは「低冷＋多雨」の特徴があり、北太平洋高気圧の縮小・南退に対応して起こるものである。この小氷河期の気候は日本に限ったものではなく、北太平洋高気圧と連動する北大西洋高気圧の影響下にあるヨーロッパでも同様の気候が確認され、地球規模で起こった中緯度地帯の寒冷化現象が認められる。日本ではこの時期が、宝暦から天保期（一七五一年から一八四四年）の時代にあたり、特に東北地方においては、宝暦・天明・天保の三大飢饉が発生している。山本氏のいう、「低冷＋多雨」の小氷河期気候の影響が、東北地においてまさに反映していたのだ。

参考『図説青森県の歴史』より抜粋

このように、確かにこの時期、津軽地方の飢饉の数は多いが、それは、東北地方に限ったことではなく、北陸地方でも発生するなど、日本全国に広域化していることがわかる。また、世界的な「小氷河期」の気候の影響で、全国的に寒冷化が進んでいた状況などを踏まえると、凶作や飢饉が津軽地方特有の事象であるとは言い難いと考えるに至るのだ。

(四) 弘前藩の産業

凶作に飢饉、そして弘前藩の慢性的な財政赤字は、司馬に**「コメ一辺倒政策の悲劇」**と言わしめた。しかし私は、必ずしもそうとは言い切れないと思えてならない。そこで、弘前藩時代の産業構造と振興策を探ってみた。

㈠ 農業

まず、農業を見ると、その主体となるコメ作りについては、江戸時代に入ると全国的にコメの産額が増えてきた。慶長《けいちょう》三（一五九八）年が千八百五十万石であったものが、十七世紀末の元禄のころには二千五百七十八万石まで増大している。

弘前藩では、初代藩主・津軽為信《ためのぶ》の時代の文禄《ぶんろく》元（一五九二）年の石高は四万五千石であった。これが、三代信義《のぶよし》の時代の正保《しょうほう》二（一六四五）年には十万石に、四代信政《のぶまさ》の頃の元禄《げんろく》七（一六九四）年には三十万石近くにも達したといわれる。コメの産額が増加した理由は、（二）でも述べたように、代々の弘前藩主が新田開発による開拓に力を入れていったからだ。さらに、畑づくりについても、加州イモ・大根・茶・こうぞ・麻・藍《あい》など様々な種類の作物が奨励された。これらのうち、こうぞ・麻・藍などは、諸工業の原料としても用いられるなど、商品のみならず原料としても優れている作物が多くあった。

㈡ 牧畜

旧南部藩領の青森県南部地方は、古くから、日本有数の良馬「南部駒」の産地として知られている。古くは平安時代の『後撰和歌集』に詠まれた尾駮《おぶち》の牧《まき》（六ケ所村）や、「宇治川の戦い」で先陣を争った名馬、「磨墨《するすみ》」と「池月《いけづき》」を生んだ三戸や七戸などが知られている。また、「一の谷の戦い」において、源義経と崖を駆け下りたという「青海波《せいがいは》」も三戸産だったともいわれる。

南部ほどではなかったものの、津軽も優良馬の産地であり、弘前藩の奨励によって馬産地として栄えていた。雲谷《もや》、津軽坂（現・鶴ケ坂）、枯木平《かれきたい》、滝の沢、入内《にゅうない》の五カ所に開設された藩営牧場は「津軽五牧」ともよばれ、良馬を多数産出した。

津軽領産の馬は、初代藩主・為信《ためのぶ》の時代から、関白をはじめ有力諸大名への献上品として珍重されており、優良馬を産出していた「津軽五牧」は弘前藩外交において重要な役割を果たしていたといえる。

㈢ 林業

下北・津軽両半島のヒバ材は全国にその名が知られ、特に下北の佐井《さい》を中心として、その積み出しは盛んだった。

弘前藩では四代藩主・信政《のぶまさ》の時代、山林保護政策が徹底して進められた。植林も盛んに行われ、特に元和《げんな》四（一六一八）年から貞享《じょうきょう》四（一六八七）年にかけて、日本海の海岸砂丘数十キロメートルの間には松が植林され、一七〇〇年代に入ると、幅四キロメートル、長さ四十キロメートルにわたる防風林として完成した。これが津軽平野の開拓事業にも役立った「屏風山植林」だ。植林事業や山林保護が財政上重

風山（提供：津軽白神森林生態系保全センター）

津軽塗（提供：青森県観光情報サイト）

の今日の水田風景（提供：青森県観光情報サイト）

要であったばかりでなく、総合開発の意味も持ち合わせていたことがわかる。

林産業の中で、ヒバとともに重用にされたのは漆だった。津軽地方では、「漆は田畑に続き御国産第一である」と漆をコメに次ぐ藩の産物として重視した。漆は、実がロウソクの原料となり、水漆は塗物の原料として使われる。これらをもとにして、津軽塗や津軽ロウソクが製造され、江戸時代の重要な工芸品として他領にも売り出された。漆樹の栽培が奨励されたのも、当時の人々の生活にとって貴重なものであったからだ。また、林産品のなかで生産額が特に伸びたのは木炭であった。現金収入の少なかった山村においては、木炭から得られる収入は魅力的であり、ほとんど全戸で炭焼きをしていたという集落も珍しくなかった。

㊃ 水産業

青森県は三方面が海に囲まれており、水産業は現在でも盛んな産業のひとつである。当時の産物として知られていたのは、三厩《みんまや》の昆布、日本海岸ではブリ・ブリコ・サケ・ニシン・ナマコ・タラ・イワシ・サメ・昆布・アワビ、加工品では干しざけ・身欠きにしん・塩引きなどが挙げられる。なかでも水揚げ量が多かったのは、イワシやタラだった。特に、水揚げ量が落ち込む冬期間に獲れるタラは重宝されたという。また、当時の製塩の状況をみてみると、津軽地方では、磯松（現・五所川原市）・脇元（現・五所川原市）・小泊（現・中泊町）などや、上磯地方（現在の青森市から外ヶ浜町にかけての陸奥湾沿い)、鰺《あじ》ヶ沢などの西海岸地方に塩釜を準備して、領内の需要をまかなうことに努めていた。

㊄ 鉱工業とその他の産業

江戸時代に入り弘前藩となってからは、鉱山の開発も盛んになった。津軽地方では、尾太《おっぷ》鉱山の銀・銅・鉛のほか、砂子瀬《すなこせ》鉱山、寒沢《さぶさわ》銀山、虹貝《にじかい》金山、河原沢《かわはらざわ》金山などが挙げられる。なかでも尾太鉱山は、十七世紀後半は銀山、十八世紀前半は銅・鉛鉱山として最盛期を迎え、二千人を超える作業員が働いていたという。また古くは、天平《てんぴょう》年間(七二九〜七四九年)、東大寺の大仏鋳造に尾太の銅が使用されたと伝わる。

その他の産業としては、第一に挙げられるのが醸造業である。酒造りや味噌造りは古くから行われていたが、藩政の初めごろ、既に産業として発達していたのは、唯一、酒造業であった。また、前述した津軽塗の漆器やロウソク、陶器のほか、織物業や染色業、製紙業なども盛んである。

津軽塗は、四代藩主・津軽信政《のぶまさ》の治世に、若狭国小浜《おばま》(現・福井県小浜市)から塗師・池田源兵衛《いけだげんべえ》を招いて始められたと伝えられている。この時代、徳川氏による大名の国替も一段落して、政情は安定し各藩の商工業も徐々に発展していく様相をみせた。また、寛永《かんえい》十二(一六三五)年に成立した参勤交代の制度と、それに伴う街道整備により流通が発達し、京都・大阪の上方や江戸の文物が地方に伝播していくようになった。その結果、各藩がそれぞれの地域の産業を保護奨励するようになり、この時期は日本全国で多くの工芸品が誕生し、普及・発達し始めたといわれている。

参考　㈠、㈢、㈣、㈤弘前大学国史研究編『青森県の歴史』

このように、弘前藩ではコメ作りが経済的・財政的基盤の中心ではあったものの、それは江戸時代の社会においては一般的かつ必然な政策であったと考えられる。

また、コメ以外の産業についても、藩をあげてその育成・振興に取り組んでいたことがうかがえる。これらのことからも、弘前藩は決してコメ一辺倒の政策を、ただ盲目的に行っていたわけではないと考えるのである。

二　畏敬と反論

(一) 司馬遼太郎の認識

本章の冒頭で示したように、司馬は**「コメ一辺倒政策の悲劇」**と決めつけ、二つの事例を挙げている。

㊀「この藩が明治四（一八七一）年に終幕するまでの三世紀ちかいあいだ、世間のならいに従って　あるいは幕藩体制の原理どおりに　コメのみに頼った。」とし、また幕府に対して「藩のみ自由な経済のたては許されないものでしょうか」と申し出るべきとも述べ、「農民に対しては、コメ一色の生産を強いないのである。大いに雑穀をつくらせ、牛馬をふやさせ、一方、漁民の数をふやして干魚を増産させ、さらにはこの藩の唯一の副収入だった林業をいっそうさかんにする。ところが、現実の津軽藩は、そのようには向かわなかった。」と述べている。

この認識は正しいのであろうか。

弘前藩の新田開発事業は、岩木川の最下流、当時の車力村（現・つがる市）、稲垣村（現・つがる市）、中里村（現・中泊町）など、十三湖近くの低湿地へも進められていった。十三湖の水位によって川が逆流することから、「馬鹿川《ばかかわ》」と名付けられた川もあった。つまり、極端な排水不良田だ。水が腰まで浸かれば「腰切田」、胸まで浸かれば「乳切田」とよばれるような土地であった。

参考　一般社団法人　農業農村整備情報総合センターホームページ「水土の礎」

司馬がいうように、幕府がこの「藩のみ自由な経済のたて」を許したとしても、このような土地で雑穀や牧畜、林業などができたであろうか。私は、コメ以外できないと考える。

しかも、前述のとおり、弘前藩は決してコメのみに固執していたわけではなく、農業や牧畜、林業、水産業、鉱業に津軽塗や酒造など、今に続く産業を、藩内のそれぞれの適地で精力的に行っていたのである。**「現実の津軽藩は、そのようには向かわなかった。」**という司馬の認識は誤っていると言わざるを得ない。

㈡さらに、**「実高三十万石とはいえ、藩財政は慢性的に赤字で、鴻池《こうのいけ》など大坂商人から借りる借金がかさんで、江戸後期以後は、いまでいう〝銀行管理〟のようになっていた。コメ一辺倒政策の悲劇といっていい。」**と述べている。

果たして、弘前藩だけが財政赤字で〝銀行管理〟のようになっていたのであろうか。

江戸時代における藩の経済は、表向き自給自足的な体制によって運営されていた。しかし、実際にはすべてを自給自足できる藩は存在せず、加えて参勤交代などを行うためには、幕府発行貨幣の調達と中央市場への依存が不可欠である。そこで、全国の各藩は、年貢米や特産品を江戸や大坂で売却し、その代金や、それをもって購入した必要物資を国許や江戸屋敷に送っていたのだ。

しかし、江戸時代中期になると、経常的な経費ばかりではなく、臨時的な経費、例えば勅使・朝鮮通信使の接待や将軍の日光社参の供奉などの財政支出が拡大する。加えて、享保《きょうほう》三（一七一八）年以降、米価の低落傾向が財政難に拍車をかける。これらにより、大坂・京都・江戸などの有力商人からの恒常的な借り入れが生じ、さらに、凶作によって年貢米や特産品が減少し、その売却代金では返済しきれない事態が生じた。

このように、当時の藩の借り入れ体質は弘前藩に限ったものではなく、幕府の政策に大きく起因するものであり、全国の各藩でも同様の財政状況にあったものと考えられる。

参考「歴史学事典（弘文堂）」、「日本史大事典（平凡社）」、「幕藩体制と藩政改革（大矢野栄次著）」

（二）司馬遼太郎の誤解

これまで述べたとおり、弘前藩は当時の幕藩体制における日本全体の社会経済状況から、積極的な新田開発によるコメ作りを中心とした産業構造にならざるを得なかったのである。また、全世界的な異常気象の影響による飢饉も、津軽に限ったことではなく、さらにいえば、弘前藩は、コメ以外の産業育成にも積極的に取り組んでいたことを各種文献や資料などから明らかにしてきた。

これらのことから、司馬が『北のまほろば』で**「けかちの国が、なぜ〝北のまほろば〟かについては、近世の藩政時代の津軽像について、仮想としての疑問をもたねばならない。」**と記した**「コメ一辺倒政策の悲劇」**という主張については、否定せざるを得ないものと考えるのである。

なぜ、私は、この司馬の主張に対する反論にこだわったのか。その理由は、『蒙古の子守唄』

の執筆にあたり、安藤氏から南部氏そして弘前藩に至る事績を入念に調査し、積み上げてきた過程にある。確かに、太宰が『津軽』で記しているように、津軽だけでみれば飢饉の数も多く、新田開発などで農民は過酷な時期もあったであろうが、津軽の人々は、その時々でこの地《くに》のために協力し、各々がなすべきことを精一杯行ってきたと感じたからである。

『北のまほろば』では、津軽を

「古代は、よかった。

中世も、わるくなかった。おそらく中世になっても、古代以来のゆたかな自然を享受するくらし農業に加えての採集生活がつづいていたのにちがいない。

(中略)

鎌倉時代には、北海道の擦文文化が、青森県にまでおよんでいた。つまり、北海道の〝擦文人〟が、青森県にあこがれ、しきりにやってきては、土着した。むろん、青森県のほうからも、北海道にわたった。

すくなくとも、青森県は、鎌倉時代までは、とくに北海道に対して、〝まほろば〟としての力をもっていたのではないかと想像できる。

くりかえすが、十三、四世紀まではあるいは唯《ゆい》コメ主義の近世がはじまるまでは北海道に対して、文化の卸《おろ》し元のようなまほろばのような立場だったのではないかと思える。」

と記している。地元出身者でもない司馬が、津軽に対して愛や夢のある記述をしていたことに畏敬の念を抱く。だが、近世以降の弘前藩に対する「コメ一辺倒政策の悲劇」という認識には、どうしても違和感をもたざるを得ないのである。

司馬は、なぜこのような主張を繰り広げたのか。『北のまほろば』の執筆にあたっては、取材の過程で、その土地に詳しい郷土史家などの道先案内人のような人物がいたと思われる。確証はないが、もしかしたら、それらの案内人による先入観が誤った認識をもたらしたのではないか。そのような事実があった結果、認識を誤ったのではないか。これらについては、今後の研究対象になり得ると考えるのである。

(三) 司馬遼太郎という権威

本章を書き終え、正直に言ってホッとした。それが本音である。反論を十分に示すことができたものと確信を持ったからである。

そもそも、文壇の大家である司馬遼太郎に対して反論を挑むなどということは、浅学菲才の我が身を振り返れば、無謀以外の何ものでもない。にもかかわらず、私を衝《つ》き動かしたのは「間違いは正さなければならない」という私自身の性分からである。

『街道をゆく・北のまほろば』にある**「コメ一辺倒政策の悲劇」**という主張には、どうしても納得ができない。ひょっとすると私以外にも「これはおかしいぞ！」と感じた人がいたのではないか。いや、私でさえ気づいたのだから、むしろいないほうが不思議である。

なぜなら、私は子どもの頃、農家の田植えや稲刈りの手伝いに出かける母親から「腰切田」、「乳切田」といわれた田圃《たんぼ》で働くことの大変さと、しかし、その苦労があって現在《いま》の津軽平野があること、そんな、ぬかるんだ土地では「コメ」以外の作物は育たないことをいつも聞かされていた。このことは、津軽の人間であれば誰もが知っていることである。

このことからも『街道をゆく・北のまほろば』の読者の多くが司馬の主張に疑問を感じたとしても不思議ではない。さらに私の場合、『蒙古《もんこ》の子守唄』の執筆活動を通じて、津軽が歩んだ歴史と、安藤氏、南部氏、津軽氏の事績をより詳細に検証したがゆえに、津軽平野の発展は弘前藩の功績であるという考えに至ったのである。**「コメ一辺倒政策の悲劇」**という主張に対する「疑問」が、それは誤りであるという「確信」に変わった瞬間でもあった。

ましてや、反論を裏付ける資料の編纂者、すなわち大学などの学者や研究者であれば、いくらでも反論ができたと考えられるのに、それをしなかったということは一体どういうことなのか。

もしかして、司馬遼太郎の権威に対しての遠慮であろうか。

ただ、本書執筆のキッカケとなったのが、司馬の主張に対する疑問であったことを考えると、司馬の主張は私にとって幸いなことであった。本書は「蒙古の子守唄　余話」として始まった旅物語の続きであるが、「司馬遼太郎への畏敬と反論」という大それたテーマがなければ、単なる津軽地方のガイドブックで終わったかもしれないからである。

津軽地方の広さは、北海道であれば石狩地方の八市町村に小樽市《おたるし》、岩見沢市《いわみざわし》、南幌町《なんぽろちょう》、長沼町《ながぬまちょう》を加えた「さっぽろ連携中枢都市圏」に比肩するであろうか。その広さに加え、どの地域も古くからの歴史と文化を積み重ねてきた。中世の安藤氏や十三湊の繁栄を例にとってみても、日本史では明らかになっていない謎の部分が多く、「もう一つの日本史」といわれているように、実に奥が深いのである。

よって、紙幅の都合もあるが、津軽の魅力を伝え切れていないとすれば、それは当方の力量不足であり、ご寛恕《かんじょ》を請わなければならない次第である。本書の完了に当たり、心より謝して「司馬遼太郎への畏敬と反論」のお終《しま》いとしたい。

おわりに

北海道と北東北、特に青森県との海峡を越えた関係は、世界文化遺産にも登録された縄文遺跡群をもって証明された。それまでの日本の歴史認識では、縄文時代は平等だったが、どうしようもなく貧しい時代だったというのが定説であった。ところが、ここ十年ほどでその評価は大きく変わりつつある。縄文遺跡群などの発見と検証が進み、縄文時代は豊かで、天体観測や建築技術など高度な文明を持っていたことが分かってきたのだ。加えて一万年もの永い間、戦争のない平和な時代が続いた、それはまさにユートピアだったのである。縄文時代を持続可能な社会と捉えれば、我々人類が未来を生きるためのヒントがそこに見つかるかもしれない。

『街道をゆく・北のまほろば』において、司馬遼太郎はこの縄文時代の津軽をして〝北のまほろば〟と称賛する一方、藩政時代の新田開発を**「コメ一辺倒政策の悲劇」**と糾弾した。このことに強い違和感を覚え、それを検証するべく始めた本書執筆という旅は、期せずして自分自身の人生と遠い記憶を辿る〝自分探しの旅〟にもなった。

令和六年六月十四日、風薫る深緑が美しい季節、札幌に初夏の訪れを告げる北海道神宮例祭宵宮祭の準備も進み、街はいつも以上に賑わいを見せる。その日私は藻岩山の山頂に立った。

六十年前の同じ日、ここは私が故郷津軽を離れ札幌市民になることを決心した場所だ。執筆という長い旅を終え、もういちど六十年前のあの日の自分自身の気持ちを確かめるためだった。ある一人の男に思いを馳せながら。

河水遠く流れ　山隅に峙つ
平原千里　地は膏腴
四通八達　宜しく府を開くべし
他日　五州第一の都

これは、北海道開拓の父と称され、札幌市の礎を築いた島義勇《よしたけ》が詠んだ詩だ。河水とは石狩川を、隅に見える山とは手稲山を指す。豊かで、どこに行くにも便利なこの土地に府を開いたならば、いずれ五州第一の都となるという意味である。「この地を本府と定め世界一の都をつくる。」、そう決意した島義勇は精力的にその任にあたったが、政治的対立と権力抗争に翻弄され、志半ばで札幌を去らざるを得なかった。しかし札幌を離れてもなお、その発展を望み建白を続けたという。島義勇はその地に未来の「まほろば」を見ていたのだ。

それから百五十五年の歳月が流れ札幌の街は飛躍を遂げた。藻岩山から見下ろすと、そこには人口百九十六万人を擁する街並みが広がる。遠くには札幌ドームが白銀色に輝き、都心部には高層ビルが立ち並ぶ。それは島義勇と、その意志を引き継いだ先人たちの努力の結晶である。

札幌が、島義勇があの日見ていた「まほろば」であり続けるために、彼の意志を引き継ぐ者の一人として、生涯をかけて故郷札幌の発展に力を尽くしていくことが私に与えられた使命なのだと、この旅を通じ強く心に刻んだ。

私を生み育ててくれた津軽は、まぎれもなく私が愛するべき故郷だ。そして六十年前、津軽から来た私を包み込み、成長させてくれた札幌もまた私の故郷なのである。

故郷とは、それが出生の地かもしれないし、育った場所かもしれない。あるいは人生の転機を迎えたところかもしれない。故郷は誰しもの心のなかに存在するのだ。一人ひとりの心の中にある故郷、それこそが真の「まほろば」なのかもしれない。

本書の執筆も終盤に差し掛かった令和六年三月末のある日、知人からメッセージが相次いで舞い込んだ。それは、津軽出身の尊富士《たけるふじ》関が大相撲春場所で優勝を果たしたことへの祝辞だった。私は尊富士関と面識はないが、同郷の若い力士の活躍に頬が緩んだ。その後、執筆でもお世話になった中泊町の三上財政課長に電話をかけ、尊富士関のことを伺った。

尊富士関は五所川原市（旧・金木町）の出身で、子どもの頃から母方のおじいちゃん仕込みで相撲が強く、つがる市の相撲の強豪校、木造中学校から、鳥取城北高等学校、日本大学相撲部を経て角界入りした。まだ大銀杏も結えないまま入幕を果たし、新入幕での優勝を成し遂げたのだ。実に百十年振りという快挙に相撲ファンのみならず日本中が沸き上がったのである。小中学生時代、尊富士関を指導した恩師は彼の性格を「優しいが精神的に強い」と評価している。まさに津軽人気質そのものではないか。執筆の終了間際に舞い込んだ嬉しい出来事であった。

本書執筆の旅の途中には、このような嬉しい知らせや、人々との出会いと再会が数多くあった。それらは自分自身を顧み、現在の自分を奮起させ未来への決意を新たにする契機となった。

この執筆という長い旅に寄り添っていただいた全ての方々、そして読者としてこの旅をともにしてくださった皆様に心からの感謝を申し上げ、いま万感の想いを込めてこの旅を終えることとする。

令和六年八月

三上　洋右

【参考文献】

「教科書と一緒に読む津軽の歴史」　小瑶史朗・篠塚明彦編著　弘前大学出版会
「新編弘前市史　通史編1（古代・中世）」　新編弘前市史編纂委員会編集　弘前市企画部企画課
「青森県史　通史編1」　青森県史編さん通史部会編　青森県
「南津軽郡町村史」　今田清蔵編　東北通信社
「板柳町誌」　成田末五郎編　板柳町
「津軽」　太宰治　新潮文庫／岩波文庫
「街道をゆく・北のまほろば」　司馬遼太郎　朝日文庫
「小泊村史」　小泊村
「中里町誌」　中里町
「藤崎町誌」　藤崎町
「西津軽郡史」　西津軽郡史編集委員会
「新編弘前市史　通史編2（近世1）」　新編弘前市史編纂委員会編集　弘前市企画部企画課
「近世前期における弘前藩の小知行派立とその村落構成―藩士開発新田第1報」　菊地利夫
「青森県百科事典」　東奥日報社

「県民性の人間学」　祖父江孝男　筑摩書房
「青森県人の気質／県民気質の歴史的背景」　青森地域社会研究所／森田稔　北の街社
「北海道・東北「方言」から見える県民性の謎」　篠崎晃一　実業之日本社
「令和五年弘前ねぷたまつりリーフレット」　公益社団法人　弘前観光コンベンション協会
「日本民謡辞典」　東京堂出版
「新撰芸能人物事典」　日外アソシエーツ
「青森県史資料編近現代6」　青森県環境生活部　県民生活文化課
「金多豆蔵の里パンフレット」　中泊町
「中泊偉人伝人ものがたり」　中泊町博物館
「ふるさとのかたりべ第八集」　嘉瀬ふるさとを探る会発行
「コローキアム太宰治論」／『津軽地方における地主制の発達とその特色』
　相馬正一編／工藤睦夫著　津軽書房
「中泊の『大宅』宮越家」　陸奥新報（二〇一九年十一月十八日）」
「岩木川水系河川整備計画」　国土交通省東北地方整備局（二〇〇七年）
「六十五年の歩み」　青森営林局　青森営林局林友会
「青森営林局八十年史」　８０年史編集委員会編　青森営林局

「青森県土地改良史」　青森県土地改良史編纂委員会　編　青森県農林部
「図説青森県の歴史」　盛田稔・長谷川成一編　河出書房新社
「青森県の歴史」　弘前大学国史研究編　青森県地方史文献刊行会
「歴史学事典1　交換と消費」　弘文堂
「日本史大事典4」　平凡社
「幕藩体制と藩政改革」　大矢野栄次　久留米大学経済社会研究第57巻
「高山稲荷神社史」　工藤伊豆著
「米国帆船チェスボロー号　救助の愛は海を照らす」　大高興　北の街社
「米国帆船チェスボロー号〜新発見四十・一三〇年の全容に迫る〜」　戸川善一
「米国帆船チェスボロー号漫画誌」　漫画　和田恒、協力　大高興　車力村
「日本人名大辞典」　講談社
「『日本美術年鑑』平成十七年版（三四七—三四八頁）」　東京文化財研究所
「新訂現代日本人名録二〇〇二」　日外アソシエーツ
「令和五年版大相撲力士名鑑」　京須　利敏・水野　尚文著　共同通信社
「大相撲人物事典」　ベースボールマガジン社
「青森県立図書館報／第十七号」　青森県立図書館

【参考WEBサイト】

「ｗｅｂ歴史街道」 https://rekishikaido.php.co.jp/
「青森県庁」 https://www.pref.aomori.lg.jp/
「青森の歴史街道を探訪する」 http://rekisi-kaido.owl-aomori.com/
「青森県軽種馬生産農業協同組合」 https://aba.main.jp/
「歴史逍遥『しばやんの日々』」 https://shibayan1954.com/
「文化遺産の世界」 https://www.isan-no-sekai.jp/
「文化庁」 https://www.bunka.go.jp/
「むなかた電子博物館」 https://munahaku.jp/
「Ｗｉｋｉｐｅｄｉａ」 https://ja.wikipedia.org/wiki/
「青森県観光情報」 https://aomori-tourism.com/
「弘前大学」 https://www.hirosaki-u.ac.jp/
「東京青森県人会」 https://www.tokyoaomorikenjinkai.org/
「戦国武将の墓紹介」 https://kichisama26.jimdofree.com/
「コトバンク」 https://kotobank.jp/

「下国安東氏ノート」　https://www4.hp-ez.com/hp/andousi/
「藤崎町」　http://www.town.fujisaki.lg.jp/index.cfm/1,html
「北前船ＫＩＴＡＭＡＥ公式ホームページ」　https://www.kitamae-bune.com/
「平川市観光協会」　https://hirakawa-kankou.com/
「ＴＷ東北ウェブ」　https://tohoku-web.jp/
「奥津軽の旅案内」　http://www.okutsugaru.com/
「日本航空」　https://www.jal.co.jp/jp/ja/
「オマツリジャパン」　https://omatsurijapan.com/
「トラベルＪＰ」　https://www.travel.co.jp/
「弘前ねぷた参加団体協議会」　http://neputa.jp/
「弘前市観光サイト」　https://www.hirosaki-kanko.or.jp/
「青森ねぶた祭実行委員会事務局」　https://www.nebuta.jp/
「ＳＢＩふるさとだより」　https://furusato.sbigroup.jp/
「世界の民謡・童謡」　https://www.worldfolksong.com/index.html
「津軽藩ねぷた村」　http://neputamura.com/
「五所川原市観光協会」　http://www.go-kankou.jp/

「線翔庵」　https://senshoan.main.jp/
「高橋竹山オフィシャルウェブサイト」　https://www.chikuzan.jp/
「青森県立郷土館」　https://www.kyodokan.com/
「ＮＰＯ法人かなぎ元気倶楽部」　http://www.kanagi-gc.net/top/genki/genki.html
「煎茶堂東京」　https://shop.senchado.jp/
「山本大オフィシャルページ」　https://hoendo.jp/dai.html
「石川義梅会」　https://www.ishikawayoshiumekai.com/
「中泊町文化観光交流協会」　https://nakadomari-ctea.jp/
「まるごと青森」　https://www.marugotoaomori.jp/
「一般社団法人農業農村整備情報総合センター」　https://www.aric.or.jp/
「青森の歴史街道を探訪する」　http://rekisi-kaido.owl-aomori.com/
「チェスボローカップ水泳駅伝公式サイト」　https://www.cheseborough-cup.jp/
「棟方志功記念館」　https://munakatashiko-museum.jp/
「青森県立美術館」　https://www.aomori-museum.jp/
「弘前市」　https://www.city.hirosaki.aomori.jp/
「新潮社」　https://www.shinchosha.co.jp/

「一般社団法人日本推理作家協会」 http://www.mystery.or.jp/
「青森県近代文学館」 https://www.plib.pref.aomori.lg.jp/bungakukan/
「みすず書房」 https://www.msz.co.jp/
「五所川原市教育委員会」 https://www.city.goshogawara.lg.jp/kyouiku/kyouikuiinkai/
「朝日新聞社」 https://www.asahi.com/corporate/
「日本コロムビア」 https://columbia.jp/
「三上寛オフィシャルブログ・寛隊」 https://ameblo.jp/kan-mikami/
「吉幾三オフィシャルウェブサイト」 https://441930.jp/
「NHK日本放送協会」 https://www.nhk.or.jp/
「日本相撲協会」 https://www.sumo.or.jp/
「講演依頼・COM」 https://www.kouenirai.com/
「富良野木村公宣スキースクール」 https://kk-ss.com/index.html
「国立国会図書館」 https://www.ndl.go.jp/
「青森市」 https://www.city.aomori.aomori.jp/
「日本野球機構」 https://npb.jp/
「三井広報委員会」 https://www.mitsuipr.com/

「日本プロボクシング協会」　https://jpba.gr.jp/main.html
「一般社団法人青森県りんご対策協議会」　https://www.aomori-ringo.or.jp/
「学校法人関西学院」　https://ef.kwansei.ac.jp/

【参考画像など】

青森県観光情報ＷＥＢサイト　https://aomori-tourism.com/
東北森林管理局ＷＥＢサイト　https://www.rinya.maff.go.jp/tohoku/
東北森林管理局青森事務所
津軽手踊り石川義梅会
青森県弘前市
青森県田舎館村
青森県五所川原市
青森県外ヶ浜町
旅東北ＷＥＢサイト　https://www.tohokukanko.jp/
青森のうまいものたちＷＥＢサイト　https://www.umai-aomori.jp/

中泊町博物館
弘前大学
青森県藤崎町
津軽白神森林生態系保全センター

【付録】津軽が生んだ文化・スポーツ界の著名人

一　文化・芸術・芸能

棟方志功　版画家　青森市出身（明治三十六（一九〇三）年〜昭和五十（一九七五）年）代表作：「大和し美《うるわ》し版画巻」、「善知鳥《うとう》」、「柳緑花紅頌《りゅうりょくかこうしょう》」など。昭和四十五（一九七〇）年青森県人として最初の文化勲章受章。

奈良岡正夫　洋画家　中津軽郡豊田村（現・弘前市）出身（明治三十六（一九〇三）年〜平成十六（二〇〇四）年）代表作：「豊秋」、「山羊」など。郷里の夏祭りねぷたを題材とした作品も多く制作。日展参与、示現会会長を務めた。女優・奈良岡朋子の父である。

工藤甲人（くどうこうじん）日本画家　中津軽郡百田村（現・弘前市）出身（大正四（一九一五）年〜平成二十三（二〇一一）年）代表作：「蓮」、「夢と覚醒」など。平成八（一九九六）年には「渇仰する麦たち」が近代着色日本画では初めて大英博物館に収蔵された。

古川武治（こがわたけじ）彫刻家　弘前市出身（大正七（一九一八）年〜平成十六（二〇〇四）年）代表作：「りんごの風」、「津軽為信像」など。日展参与を務めた。

佐野ぬい　洋画家　弘前市出身（昭和七（一九三二）年〜令和五（二〇二三）年）代表作：「青

の歴」、「青の時間」など。青を基調とする作品を多く発表。「佐野ブルー」、「青の画家」と称される。

奈良美智（ならよしとも）　現代美術アーティスト　弘前市出身（昭和三十四（一九五九）年～）代表作：「Ｍｕｍｐｓ」、「あおもり犬」、「Ｍｉｓｓ　Ｆｏｒｅｓｔ／森の子」など。

澤田教一　写真家　青森市出身（昭和十一（一九三六）年～昭和四十五（一九七〇）年）代表作：「安全への逃避」、「泥まみれの死」など。ピュリツァー賞、ロバート・キャパ賞を受賞

寺山修司　詩人、歌人、劇作家　弘前市出身、九歳時に三沢市に転居、十三歳時　に青森市に転居。（昭和十（一九三五）年～昭和五十八（一九八三）年）代表作：歌集「血と麦」、戯曲「血は立ったまま眠っている」、映画監督作品「田園に死す」など。

葛西善蔵　作家　弘前市出身（明治二十（一八八七）年～昭和三（一九二八）年）代表作：「哀しき父」、「子をつれて」、「湖畔手記」など。

石坂洋次郎　作家　弘前市出身（明治三十三（一九〇〇）年～昭和六十一（一九八六）年）代表作：「若い人」、「青い山脈」、「石中先生行状記」など。

太宰　治　作家　北津軽郡金木村（現・五所川原市）出身（明治四十二（一九〇九）年～昭和二十三（一九四八）年）代表作：「斜陽」、「走れメロス」、「人間失格」など。

今　官一（こんかんいち）　作家　弘前市出身（明治四十二（一九〇九）年～昭和五十八（一九八三）

年）代表作：「壁の花」、「牛飼いの座」など。第三十五回直木賞受賞。

高木彬光（たかぎあきみつ）作家　青森市出身（大正九（一九二〇）年〜平成七（一九九五）年）代表作：名探偵神津恭介シリーズ「刺青殺人事件」、「能面殺人事件」、「成吉思汗の秘密」など。

長部日出雄（おさべひでお）作家　弘前市出身（昭和九（一九三四）年〜平成三十（二〇一八）年）代表作：「津軽じょんがら節」、「津軽世去れ節」、「鬼が来た―棟方志功伝」など。第六十九回直木賞受賞。

根深　誠（ねぶかまこと）文筆家　弘前市出身（昭和二十二（一九四七）年〜）代表作：「白神山地をゆく」、「遥かなるチベット」など。白神山地の青秋林道計画に反対運動を起こし、世界遺産登録へと導いた立役者。

板垣直子　日本初の女性文芸評論家　北津軽郡栄村（現・五所川原市）出身（明治二十九（一八九六）年〜昭和五十二（一九七七）年）代表作：「現今日本の女流文壇」、「文芸ノート」など。

五十嵐匠（いがらししょう）映画監督　青森市出身（昭和三十三（一九五八）年〜）代表作：「SAWADA　青森からベトナムへ　ピュリツァー賞カメラマン沢田教一の生と死」、「半次郎」、「島守の塔」など。

淡谷のり子　歌手　青森市出身（明治四十（一九〇七）年〜平成十一（一九九九）年）代表作：「別れのブルース」、「雨のブルース」、「東京ブルース」など。

井沢八郎　歌手　弘前市出身（昭和十二（一九三七）年〜平成十九（二〇〇七）年）代表作：「あゝ上野駅」、「男傘」、「北海の満月」など。女優・工藤夕貴の父である。

泉谷しげる　歌手・俳優　青森市出身、三歳時に東京都目黒区へ転居（昭和二十三（一九四八）年〜）代表作：「春夏秋冬」、「（テレビドラマ）戦後最大の誘拐・吉展ちゃん事件」など。

三上　寛（みかみかん）　歌手・俳優　北津軽郡小泊村（現・中泊町）出身（昭和二十五（一九五〇）年〜）代表作：「（LP）ひらく夢などあるじゃなし」、「（映画）世界で一番美しい夜」など。

吉　幾三　歌手　北津軽郡金木町（現・五所川原市）出身（昭和二十七（一九五二）年〜）代表作：「俺はぜったい！　プレスリー」、「俺ら東京さ行ぐだ」、「雪國」など。

王　林（おうりん）　タレント　弘前市出身（平成十（一九九八）年〜）代表作：「（テレビドラマ）ラストマン—全盲の捜査官—」、「（バラエティ）ヒルナンデス！」、「（CM）青森県りんご対策協議会」など。

二　スポーツ

（一）大相撲（津軽出身の横綱・大関と個性豊かな力士を取り上げた。）

初代若乃花幹士（かんじ）　第四十五代横綱　弘前市出身（昭和三（一九二八）年〜平成二十二

（二〇一〇）年）　昭和二十一（一九四六）年初土俵、昭和二十五（一九五〇）年初入幕、昭和三十三（一九五八）年横綱昇進。優勝十回。年寄名：二子山→藤島。

栃ノ海晃嘉（とちのうみてるよし）　第四十九代横綱　南津軽郡光田寺村（現・南津軽群田舎館村）出身（昭和十三（一九三八）年～令和三（二〇二一）年）　昭和三十（一九五五）年初土俵、昭和三十五（一九六〇）年初入幕、昭和三十九（一九六四）年横綱昇進。優勝三回。年寄名：栃ノ海→中立→春日野→竹縄。

二代目若乃花幹士　第五十六代横綱　南津軽郡大鰐町出身（昭和二十八（一九五三）年～令和四（二〇二二）年）　昭和四十三（一九六八）年初土俵、昭和四十八（一九七三）年初入幕。昭和五十三（一九七八）年横綱昇進。優勝四回。年寄名：若乃花→間垣。

隆の里俊英　第五十九代横綱　南津軽郡浪岡町（現・青森市）出身（昭和二十七（一九五二）年～平成二十三（二〇一一）年）　昭和四十三（一九六八）年初土俵、昭和五十（一九七五）年初入幕。昭和五十八（一九八三）年横綱昇進。優勝四回。年寄名：鳴戸。

旭富士正也　第六十三代横綱　西津軽郡木造町（現・つがる市）出身（昭和三　十五（一九六〇）年～）　昭和五十六(一九八一)年初土俵、昭和五十八(一九八三)年初入幕。平成二(一九九〇)年横綱昇進。優勝四回。年寄名：旭富士→安治川→伊勢ケ濱。

柏戸利助（かしわどりすけ）　江戸時代の大関　陸奥国津軽郡（現・五所川原市）出身（天明三

（一七八三）年〜文政十三（一八三〇）年）　文化二（一八〇五）年初土俵、文化八（一八一一）年初入幕、文化十二（一八一五）年大関昇進。最優秀成績（優勝相当成績）十六回。年寄名：柏戸→伊勢ノ海。

一ノ矢藤太郎（いちのやとうたろう）　明治時代の大関　南津軽郡田舎館村出身（安政三（一八五六）年〜大正十二（一九二三）年）　明治十三（一八八〇）年初土俵、明治十六（一八八三）年初入幕、明治二十二（一八八九）年大関昇進。最優秀成績（優勝相当成績）二回。

大ノ里萬助（おおのさとまんすけ）　大正時代の大関　南津軽郡藤崎町出身（明治二十五（一八九二）年〜昭和十三（一九三八）年）　明治四十五（一九一二）年初土俵、大正七（一九一八）年初入幕、大正十四（一九二五）年大関昇進。

清水川元吉（しみずがわもときち）　大関　北津軽郡三好村（現・五所川原市）出身（明治三十三（一九〇〇）年〜昭和四十二（一九六七）年）　大正六（一九一七）年初土俵、大正十二（一九二三）年初入幕。昭和七（一九三二）年大関昇進　優勝三回。年寄名：追手風。

貴ノ花利彰　大関　弘前市（番付上の出身地：出生地は室蘭市）出身（昭和二十五（一九五〇）年〜平成十七（二〇〇五）年）　昭和四十（一九六五）年初土俵、昭和四十三（一九六八）年初入幕。昭和四十七（一九七二）年大関昇進　優勝二回。年寄名：鳴戸→藤島→二子山。

源氏山頼五郎（げんじやまらいごろう）　明治時代の関脇　陸奥国津軽郡内潟村（現・北津軽郡

中泊町）出身（元治元（一八六四）年〜大正八（一九一九）年）明治十六（一八八三）年初土俵、明治二十二（一八八九）年初入幕。明治二十四（一八九一）年、前頭二枚目まで躍進しながら脱走。帰参して明治二十六（一八九三）年五月に幕内最優秀成績（優勝相当成績）をあげたが、場所後にまたも脱走。明治二十七（一八九四）年一月は番付外で出場。明治二十九（一八九六）年関脇昇進、大関も目前といわれたが、酒、女、バクチに身を持ち崩し、場所も休みがちとなり、ついには渡米計画を企て、明治三十七（一九〇四）年五月場所を限りに除名された。

宝富士大輔（たからふじだいすけ）関脇（平成二十八（二〇一六）年九月場所）北津軽郡中泊町出身（昭和六十二（一九八七）年〜）平成二十一（二〇〇九）年初土俵、平成二十三（二〇一一）年初入幕。

舞の海秀平　小結（平成六（一九九四）年九月場所）西津軽郡鰺ヶ沢町出身（昭和四十三（一九六八）年〜）人呼んで「技のデパート」。平成二（一九九〇）年初土俵、平成三（一九九一）年初入幕。技能賞を五回受賞。平成十一（一九九九）年十一月場所を最後に引退。

阿武咲奎也（おうのしょうふみや）小結（平成二十九（二〇一七）年十一月場所）北津軽郡中泊町出身（平成八（一九九六）年〜）平成二十五（二〇一三）年初土俵、平成二十九（二〇一七）年初入幕。

尊富士弥輝也（たけるふじみきや）　東前頭十七枚目（令和六（二〇二四）年三月場所）　五所川原市出身（平成十一（一九九九）年〜）　令和四（二〇二二）年初土俵、令和六（二〇二四）年初入幕。令和六年三月場所で百十年ぶりとなる初入幕優勝を果たした。

（二）スポーツその他

三浦雄一郎　プロスキーヤー　青森市出身（昭和七（一九三二）年〜）　昭和四十一（一九六六）年富士山直滑降。昭和四十五（一九七〇）年、エベレスト・サウスコル八千㍍世界最高地点スキー滑降（ギネス認定）。昭和六十（一九八五）年、世界七大陸最高峰のスキー滑降を完全達成。平成二十五（二〇一三）年に八十歳で三度目のエベレスト登頂世界最高年齢登頂記録を更新。

木村公宣（きむらきみのぶ）　アルペンスキー　弘前市出身（昭和四十五（一九七〇）年〜）　平成四（一九九二）年のアルベールビルからリレハンメル、長野、ソルトレイクまでの冬季オリンピック四大会連続出場。

前田光世（まえだみつよ）　柔道　中津軽郡船沢村（現・弘前市）出身（明治十一（一八七八）年〜昭和十六（一九四一）年）　明治三十七（一九〇四）年、柔道日本一になり、柔道の紹介のため渡米し、その後、ヨーロッパや中南米諸国を経て、ブラジル・アマゾンのパラー州ベレン市に至る。ここでも柔道を広め、ブラジルへの移民事業にも尽力し、一度も日本に帰ることなく永眠。「コンデ・コマ」の尊称（コンデは伯爵、コマは強すぎて相手がなくて困ったことから）で知られる。

斉藤　仁（さいとうひとし）　柔道　青森市出身（昭和三十六（一九六一）年〜平成二十七（二〇一五）年）　昭和五十九（一九八四）年のロサンゼルス、昭和六十三（一九八八）年のソウル夏季オリンピック出場。二大会連続で九十五㌕超級の金メダルを獲得。

古川高晴（たかはる）　アーチェリー　青森市出身（昭和五十九（一九八四）年〜）　平成十六（二〇〇四）年のアテネから北京、ロンドン、リオデジャネイロ、東京までの夏季オリンピック五大会連続出場（令和六（二〇二四）年パリオリンピック内定）。ロンドンオリンピックでは個人で銀メダル、東京オリンピックでは団体と個人で銅メダルを獲得。

外崎修汰（とのさきしゅうた）　プロ野球　弘前市出身（平成四（一九九二）年〜）　埼玉西武ライオンズ所属　令和二（二〇二〇）年、令和四（二〇二二）年に二塁手としてゴールデン・グラブ賞受賞。

木浪聖也（きなみせいや）　プロ野球　青森市出身（平成六（一九九四）年〜）　阪神タイガース所属　令和五（二〇二三）年に遊撃手としてベストナイン、ゴールデン・グラブ賞受賞

レパード玉熊　ボクシング　青森市出身（昭和三十九（一九六四）年〜）　ＷＢＡ世界フライ級

王者（平成二（一九九〇）年）平成三（一九九一）年引退。

畑山隆則　ボクシング　青森市出身（昭和五十六（一九七五）年〜）　WBA世界スーパーフェザー級王者（平成十（一九九八）年）、平成十二（二〇〇〇）年WBA世界ライト級王者。平成十三（二〇〇一）年引退。

三　その他

池田源兵衛　津軽塗の創始者　津軽藩抱塗師で代々、源兵衛と称した。初代は天和（一六八一年〜）の頃の若狭小浜（福井県小浜市）の漆工で、弘前藩主津軽信政に抱えられて津軽に移り、漆師頭となった。二代目が偶然の発見から案出したのが、世にいう唐塗であり、二代目は津軽塗の祖と呼ばれている。

菊池楯衛（きくちたてえ）　青森りんご発展の功労者　陸奥国鼻和郡弘前（現・弘　前市）出身（弘北三（一八四六）年〜大正七（一九一八）年）　りんご栽培の最初の苗木を配布し、試植させたことで津軽地方にりんごを広めた。「青森りんごの開祖・始祖」といわれている。

外崎嘉七（とのさきかしち）　青森りんご発展の功労者　清水村樹木（現・弘前市）出身（安政六（一八五九）年〜大正十三（一九二四）年）　明治中・後期の病害虫が多発した時期に、

樹形改造をする方法と袋かけをして病害虫から守る方法を発明した。農薬であるボルドー液散布などの普及に努め、「りんごの神様」と慕われた。

本多庸一（ほんだよういつ）　教育家、宗教家　陸奥国弘前藩領内（現・弘前市）出身（嘉永元（一八四八）年～明治四十五（一九一二）年）　明治二十三（一八九〇）年東京英和学校校長（のちの青山学院院長）に就任。明治四〇（一九〇七）年）に日本メソヂスト協会を設立し、初代監督に選出された。

一戸直蔵（いちのへなおぞう）　天文学者　西津軽郡越水村（現・つがる市）出身（明治十一（一八七八）年～大正九（一九二〇）年）　明治三十八（一九〇五）年米国のシカゴ大学付属ヤーキス天文台に私費留学、日本人として初めて変光星の観測を行った。帰国後、東京天文台観測主任と東京帝国大学講師を務めるかたわら、天文学の専門家としては日本で初めて天文学の啓蒙書を執筆した。

石館守三（いしだてもりぞう）　薬学者　青森市出身（明治三十四（一九〇一）年～平成八（一九九六）年）　強心剤「ビタカンファー注射液」やがんの化学療法剤「ナイトロミン」を創製した。また、ハンセン病の治療薬「プロミン」の国内初の合成にも成功し、さらに国に「らい予防法」の廃止（平成八（一九九六）年廃止））を呼びかけるなど、ハンセン病に苦しむ人々に明るい希望を与えた。

川口淳一郎　宇宙工学者　弘前市出身（昭和三十（一九五五）年〜）　ハレー彗星探査機「さきがけ」工学実験衛星「ひでん」、火星探査機「のぞみ」などのミッションに携わり、小惑星探査機「はやぶさ」ではプロジェクトマネージャーを務めた。

（津軽民謡・三味線は別項に詳細を記す。）

蒙古の子守唄

寝えろじゃ　寝えろじゃ
寝んねば　山がら蒙古《モンコ》来るぞ
寝えれば　海がらジョジョ来るよ
寝えろじゃ　寝えろ

寝えろじゃ　寝えろじゃ
泣ぁげば　山がら蒙古《モンコ》来るぞ
ネンネコネンネコ　ネンコロリ
寝えろじゃ　寝えろ

寝えろじゃ　寝えろじゃ
寝んねば　山がら蒙古《モンコ》来るぞ
寝えれば良い子だ　ネンコロリ
寝えろじゃ　寝えろ

この唄は、津軽地方に古くから伝わる子守唄である。地域によって歌詞や音調は異なるが、「寝んねば山がら蒙古来るぞ」という歌詞は全てに共通している。本書に掲載した曲は、記憶をもとに三上洋右が復元し、今野くる美が編曲したものである。

津軽伝承（作者不詳）　三上洋右編
編曲・ピアノ演奏　今野くる美
歌・バリトン独唱　今野　博之

二次元コードから唄をお聞きいただくことができます（音響効果の異なる二つのバージョンを収録）。

蒙古の子守唄

津軽伝承
作者不詳／三上洋右編
編曲　　　今野くるみ

【著者略歴】

三上　洋右（みかみ　ようすけ）

生い立ち

昭和二十（一九四五）年十一月十日　青森県北津軽郡中里町（現・中泊町）生まれ　青森県内潟中学校卒業後、中里営林署で山仕事に従事

札幌市民に

昭和四十（一九六五）年五月十九歳で青雲の志に燃え渡道、札幌市民となる

二十四歳で株式会社日天タイル工業を興し、代表取締役に就任（平成六年退任）社業のかたわら、青少年育成委員、民生児童委員、町内会長、東月寒中学校ＰＴＡ会長、ライオンズクラブ幹事など、数々のボランティア活動に参加

札幌市議会議員として

昭和五十八（一九八三）年、町村信孝元衆議院議長が衆議院議員選挙で初陣を飾った際、豊平区連合後援会幹事長として当選に尽力、以後、町村代議士門下となる

平成三（一九九一）年四月の札幌市議会議員選挙で一万二千票の得票で初当選　以後九回連続当選　六回目の選挙で得票数二万八九九八票は政令市移行後の市議選史上最多　現在九期目

この間、さっぽろ自民党（自民党札連）会長、自民党道連副会長、第二十九代札幌市議会議長、北海道市議会議長会会長、札幌市議会日韓友好議員連盟会長、札幌市議会日台友好議員連盟会長、札幌市議会観光議員連盟会長等の要職を歴任

平成三十（二〇一八）年　北海道科学大学大学院工学研究科修士課程修了

公職等

現在は、さっぽろ自民党会長代行、札幌市議会自由民主党議員会顧問、自由民主党北海道第三選挙区支部幹事長、自由民主党北海道札幌市豊平区第四支部支部長、社会福祉法人万葉閣理事、豊平区少年野球育成会会長、札幌女子サッカー連盟会長、札幌市議会私立幼稚園議員連盟会長、札幌市議会私学振興議員連盟会長、札幌柔道連盟顧問、爽政会（北海道神宮をお参りする議員の会）会長として活躍中

著書

著書に、『この指とまれ』『宿命への挑戦』『権力と富の分配』『幸運を呼ぶ名づけ方』『五州第一の都　さっぽろ』『蒙古の子守唄』『司馬遼太郎への畏敬と反論』がある

蒙古の子守唄 余話　司馬遼太郎への畏敬と反論
北のまほろば　我が故郷への想い

令和6（2024）年8月31日　第1刷発行

著　者　三上 洋右
発行者　斎藤 信二
発　行　株式会社 高木書房
〒116-0013
東京都荒川区西日暮里5-14-4-901
電　話　03-5615-2062
FAX　03-5615-2064
メール　syoboutakagi@dolphin.ocn.ne.jp
印刷・製本　株式会社ワコー

乱丁・落丁は、送料小社負担にてお取替えいたします。
定価はカバーに表示してあります。

ISBN978-4-88471-474-1 C0039